Ricardo Néstor Martínez

JORGE LUIS BORGES
LA INCREDULIDAD
COMO FILOSOFÍA

Ápeiron Ediciones

2024

Ricardo Néstor Martínez

Jorge Luis Borges
La incredulidad
como filosofía

Ensayo

1.ª edición, 2024

© Del texto, Ricardo Néstor Martínez
© Ápeiron Ediciones

C/ Príncipe de Vergara, n.º 132, planta 9
28002 Madrid
Tfno.: (+34) 611 00 28 41
E-mail: info@apeironediciones.com
http://www.apeironediciones.com/

Maquetación, diseño: Ápeiron Ediciones

Papel procedente de fuentes responsables

ISBN: 978-84-129180-6-9
Depósito legal: M-22984-2024

In Memoriam:

A los profesores del Colegio Nacional de Buenos Aires que me enseñaron a pensar, analizar, disentir, argumentar: Dr. Raúl H. Castagnino (Literatura), Ing. Ricardo Vignolo (Matemáticas), Dra. Luisa G. de Bracco (Biología), Prof. Norberto Rodríguez Bustamante (Filosofía).
A mi entrañable abuela materna, Antonia Piorno, la mujer que, sin saber leer ni escribir, fue faro de sabiduría y fuente inagotable de amor.

Índice

Diálogo, esencia de lo humano 9

Filosofía de la incredulidad 19

Ateísmo, agnosticismo y misticismo 29

El imperativo ético 41

Vida y sueño 47

La palabra y el nombre de Dios 61

Filosofía del lenguaje 69

Conciencia, cosmos y física cuántica 91

Memoria, olvido y tiempo 101

Filosofía de las matemáticas 119

Filosofía política 127

Epílogo 141

Bibliografía 143

DIÁLOGO, ESENCIA DE LO HUMANO

No creo que haya nada comparable a la historia de la filosofía.

Jorge Luis Borges

«Unos quinientos años antes de la era cristiana se dio en la Magna Grecia la mejor cosa que registra la historia universal: el descubrimiento del diálogo… Dudaron, persuadieron, disintieron, cambiaron de opinión, aplazaron». (BORGES 2023) Con estas palabras Jorge Luis Borges (1899-1986) elogiaba la duda, la inseguridad y la incertidumbre como algunas de las más valiosas posesiones del ser humano. Y sintetizaba con ello las virtudes de la empatía humana, que hacen del *Homo sapiens* una especie socialmente cooperativa.

A lo largo de toda su obra literaria Borges desarrolló conceptos filosóficos vinculados, entre otros, al tiempo y su inexistencia, su circularidad o simultaneidad (bifurcación), la relación entre conciencia y cosmos, el sueño como fantasía vivida (o su opuesto, la vida como sueño), el infinito y lo infinitesimal y otros varios. Dios, sea Algo o Alguien, y el *nombre* de Dios en cuanto su esencia, le fueron literariamente tan obsesivos como los espejos y los laberintos. Causa asombro que, además, haya anticipado conocimientos científicos, que eran utópicos en su momento.

El poeta, académico y Profesor Emérito Distinguido de la Universidad de Indiana Willis Barnstone definió a Borges como genio de la palabra: «Borges fue un poeta filosófico que vicariamente vivió las vidas de aquellos a quienes más admiraba: Heráclito, Schopenhauer y Spinoza. Convirtió al Gran Heráclito en su amigo, leyó con asiduidad a Schopenhauer en alemán, y se identificó profundamente con Spinoza, el filósofo panteísta del ghetto judío de Amsterdam — judío español-portugués como algunos de los ancestros de Borges». (BARNSTONE, 2013)

A principios de la década de 1990 Elena Altuna, en "Ficciones o la infinita repetición", leyó a Borges como precursor de la diseminación derrideana; José Luis de Diego hizo de Borges el precursor del semiólogo; y Serge Champeaux lo entendió como un fenomenólogo, señalando una esfera exterior, la del sentimiento. (CHERNIAVSKY, 2012)

«Filósofo de la poesía y poeta de la filosofía»: con estas palabras Ignacio Infante definió a Borges y constituyen, probablemente, una síntesis casi perfecta de su obra. El pensamiento de Borges es indudablemente paradójico y su concepción de la paradoja como eje de su ficción no es, según Infante, el objetivo último sino un medio para la encarnación de un sentido extremo de incertidumbre ficcional. (INFANTE 2001)

Por su parte, Beatriz Sarlo afirma que Borges labra «una ficción filosófica reduplicada en una filosofía ficcional». Muestra así que Borges utiliza la filosofía para la creación literaria y al encontrar «su originalidad: escritor-crítico, cuentista-filósofo, oblicuamente discute tópicos capitales de la teoría literaria contemporánea. Eso lo convierte en un autor de culto para la crítica, que descubre en él los sólidos platónicos de sus preocupaciones: la teoría de la intertextualidad, los límites de la ilusión referencial, la relación entre conocimiento y lenguaje, los dilemas de la representación y de la narración. La máquina literaria borgeana ficcionaliza estas cuestiones, y produce una puesta en forma de problemas teóricos y filosóficos, sin que en los movimientos del relato se pierdan jamás del todo el brillo de la distancia irónica o la prudencia antiautoritaria del agnosticismo». (SARLO, 1995) En este párrafo queda incluida la esencia del pensamiento metafísico de Borges: siempre se definió ateo, pero la presencia reiterada de alusiones místicas en sus escritos y en su oralidad, la mención reiterada y expresa de

Dios (así, con mayúscula), su creencia en una fuerza cósmica que todo lo integra, su afán en atribuir a Algo o Alguien (aunque no fuese un dios personal) la organización del cosmos, lo convierten en un auténtico agnóstico que se deslumbra ante lo incognoscible. Un idealista agnóstico, un hombre lúcidamente inmerso en la curiosidad del incrédulo.

Al interrogarse si la "realidad" existe, y en caso afirmativo, si nos es posible aprehenderla, la respuesta de Borges es que la inteligencia humana no puede dar sentido, conocer la realidad o identificarla como verdadera. El mundo es algo inasible. Fiel a su postulado filosófico idealista, *el tiempo* no existe y el hombre no tiene acceso al Conocimiento, el fruto del Árbol de la Sabiduría está vedado para él. La hermenéutica de Borges consiste en negar la posibilidad del conocimiento. No aceptaba ni el libre albedrío ni un sistema de premios y castigos. «Para Borges, historia, teología, filosofía, biografía, leyenda y ficción son una sola cosa, y para admitir otra realidad construida por dioses dementes sería necesario destruir tanto la soberanía como el deleite de la imaginación humana… Borges es un moderno agnóstico que desea encomendarse él mismo al rompecabezas del mundo y dejar a los dioses para sí mismos, ya que finalmente son incomprensibles: esta es una señal de su esencial humanismo». (ST. ARMAND, 1980)

La obra de Borges abunda en referencias, explícitas o no, a Platón, Kant, Schopenhauer, Nietzsche, Whitehead, Hume, Russell y muchos otros. Platón resuena en esta afirmación de Borges: "Todos los libros son un solo libro. No importa cuántos haya leído uno, en realidad los ha leído todos. Porque ha visto y comprendido al Libro". Y su gran elogio a Schopenhauer: «Para mí es el filósofo. Yo creo que él realmente llegó a una solución. Si es que puede llegarse a una solución con palabras humanas». (BORGES, 1982)

A pesar de la vastedad de su conocimiento enciclopédico, Borges era modesto acerca de su comprensión de la filosofía. «Me interesa mucho la filosofía. Pero me he limitado a releer ciertos autores. Y esos autores son Berkeley, Hume y Schopenhauer. Y he descuidado los demás. Por ejemplo, he sido siempre derrotado por Kant. Por Hegel, evidentemente. Tan despreciado por Schopenhauer… Pero he leído y releído a Berkeley, a Hume y a Arturo Schopenhauer, que para mí viene a ser la cifra de la filosofía. Como lo fue para Paul Deussen, que lo situó como último en su historia de la filosofía… y piensa: "al fin se ha descubierto la verdad"». (BORGES - CARRIZO, 1982)

Muchos de los temas borgeanos que nos acercan a la idea de trascendencia han provocado un largo debate, que aún persiste, y quizá no tenga final ni sea determinante: ¿fue Borges un filósofo o no? Ante esta disyuntiva él hubiese respondido con humildad: «Yo no soy un pensador, soy un mero cuentista, un mero poeta». O bien, «un hombre de letras que convierte sus propias perplejidades y ese respetado sistema de perplejidades que llamamos filosofía en formas de literatura». Borges citaba a Spinoza: «Los filósofos han dicho que la filosofía es la meditación de la muerte. Es lo que dicen los existencialistas actuales, desde Kierkegaard hasta los más recientes. Pero Spinoza, con grave y serena felicidad, dice que la filosofía es la meditación de la vida, no la meditación de la muerte» (BORGES, 1967), admitiendo así el núcleo de su visión teleológica. El Centro Borges de la Universidad de Pittsburgh dice que en la escritura de este autor «la filosofía es un ejercicio de perplejidad, el pensamiento es conjetura y la poesía, la forma suprema de la racionalidad».

Ese juego implícito o explícito de yuxta y contraposición entre literatura y filosofía es destacable en Borges desde los inicios de su obra. Al intertextualizar ideas ajenas para confutarlas o para exponer las propias, Borges expone afinidades y desacuerdos con varios filósofos o teólogos de todas las épocas, a veces sin citarlos de manera directa. Su admiración por algunos filósofos se sintetiza en estos conceptos: Platón y Aristóteles fueron dos bienhechores, y quizá sea peligroso alejarse de ellos; pensar sin Bernard Shaw y sin Schopenhauer es imposible. (BLANCO, 2023) Han sido rastreadas afinidades de la obra de Borges con Hume, Russell, Shaw, Heidegger y Levi Strauss. (MARTÍN, 2003) No ha escapado a la influencia de Berkeley, Carlyle, Kant y Wittgenstein, y me atreveré a buscarla también en von Mises, Nozick, Nietzsche, Jung, Levi-Strauss y la física cuántica.

Para algunos autores "La biblioteca de Babel" expone un modelo de realidad análogo a los creados por los estructuralistas Saussure y Lévi-Strauss, y los postestructuralistas Derrida y Barthes. (GALINDO, 2020) Recordemos que se trata de una biblioteca-universo que consiste en un gran sistema de galerías hexagonales, formando una red de concepción estructuralista. Veremos luego que la estructura de la biblioteca encierra un profundo sentido místico, que algunas veces Borges esconde. El libro "Borges babilónico - Una enciclopedia" explora los lazos que entretejió con la antropología. «Más importantes que la historia son los mitos», uno de los temas explorados por Lévi-Strauss. (SCHWARTZ, 2023) Borges destacó el zoroastrismo y Persia, el judaísmo e Israel (como fundamento de nuestra cultura occidental), el Islam, las culturas del Lejano Oriente y los primeros teólogos de la iglesia cristiana.

El modelo estructuralista está presente en numerosos trabajos de Borges. Es explícito, por ejemplo, en el cuento "Examen de la obra de Herbert Quain", en el cual grafica cómo está desarrollada una obra de ese autor, caracterizada por un orden ternario (cada capítulo ofrece tres novelas alternativas como continuación) que otro autor podría narrar en orden binario. Es una analogía de los laberintos de un jardín y de los senderos que se bifurcan en el tiempo y en la vida. Es un tema recurrente en Borges, para quien existen en la vida diversas posibilidades, y cada cual elige, ante cada encrucijada, una de ellas. De este modo, cada uno forja su destino.

"Examen de la obra de Herbet Quain", a quien se cree un autor ficticio, es un cuento en el cual Borges analiza las posibilidades estructurales de la escritura, al cual convierte en una involuntaria proclama del estructuralismo, al tiempo que señala sus limitaciones. Las obras de ese supuesto autor son cuatro. La fracasada novela policial (*Dios en el laberinto*), llega a la solución de la intriga, pero ahí mismo el autor introduce una frase que insinúa que esa solución es falsa, obligando al lector a releer cuidadosamente toda la obra para descubrir la solución verdadera. La novela en tres capítulos "April March" (*Abril Marzo*), es narrada regresivamente, del final al principio; el primer capítulo se ramifica en otros tres, y cada uno de ellos también se ramifica en tres, tratándose en realidad de nueve novelas de tres capítulos. "The Secret Mirror" (*El espejo secreto*) es una obra de teatro, comedia heroica según Borges, en dos actos; en el segundo se descubre que las afirmaciones del primero son, casi todas ellas, falsas. La última obra examinada es "Statements" (*Declaraciones*), un conjunto de ocho cuentos que proponen buenos argumentos voluntariamente frustrados por el autor. Según Borges, la complejidad formal (es decir la preocupación por la estructura más que por el contenido) habría entorpecido la imaginación del autor. Para colmo, el escritor portugués José Saramago aseguró que Herbert Quain no fue una creación de Borges sino que existió en la realidad, ya que a fines de 1935 al menos un ejemplar de un por él escrito formaba parte de la biblioteca de una nave inglesa llamada Highland Brigada. Según Saramago el poeta portugués Ricardo Reis, lo tomó en préstamo. Reis era un heterónimo, una fantasía, del poeta portugués Fernando Pessoa, protagonista del libro de Saramago "El año de la muerte de Ricardo Reis". (SARAMAGO, 2207) Reaparece así el concepto de estructura: un posible nombre falso (Herbert Quain) pero quizá conocido a través de un libro por el poeta Fernando Pessoa (persona real), quien utilizaba otro nombre falso (Ricardo Reis), aplicado a un escritor supuestamente ficticio, al cual se adjudican obras también ficticias. Borges escribe en su cuento: «Yo reivindico para esa obra [April March] los rasgos esenciales de todo juego: la simetría, las leyes arbitrarias, el tedio». Bien podría reivindicarlo para su propio cuento, aunque sin producir tedio alguno. El "juego" se completa por el hecho de que el mismo Borges utilizó pseudónimos con frecuencia, empleando a veces apellidos de su propio linaje: Alex Ander, Benjamín Beltrán, Andrés Corthis, Pascual Güida, Bernardo Haedo, José Tuntar, Benito Suárez Lynch y, junto a Bioy Casares, Honorio Bustos Pueyrredón.

En el cuento "La muerte y la brújula" Borges destaca intencionalmente la estructura del cuento, subdividiéndolo como si fuesen capítulos de una novela. En tres oportunidades interrumpe el hilo narrativo, y con ello va brindando la clave de la narración: «La primera letra del Nombre ha sido articulada», «La segunda letra del Nombre ha sido articulada», «La última letra del Nombre ha sido articulada». Con estas frases separa el texto en cuatro partes. Esto se corresponde con la creencia de la secta de los Hasidim, para quienes el Nombre de Dios está compuesto por cuatro letras, JHVH. Además, el cuento se desarrolla en los cuatro puntos cardinales de una ciudad. Con estas dos características brinda el entorno místico que describe la totalidad divina.

Según Abduca, fue Lévi-Strauss y su enfoque combinatorio quien contribuyó a ayudar a que Borges tuviese un contexto favorable de recepción europea. «Si el estructuralismo es un modo de leer, el programa teórico de Borges puede ser considerado como precursor del análisis del orden simbólico de los relatos (y de la vida social)... Lecturas puntuales de Frazer, ayudaron a Borges a establecer un programa literario en donde la 'magia' es el nombre de un orden simbólico narrativamente eficaz y es la "coronación" de la causalidad». (ABDUCA, 2023) Borges fue claro y afirmativo en su concepción estructuralista: «En un libro todo obedece a la lógica», dijo un día a su amigo Bioy Casares.

Veremos que el concepto de la palabra como símbolo tiene una profunda raigambre filosófica en Borges, sobre todo gracias a Cantor y Wittgenstein. En cuanto al uso reiterado de las palabras *mago* y *magia*, se trata de una clara alusión mística a la cual detallaremos más adelante.

En cuanto a la difusión de Borges en Europa no fue, en mi opinión, consecuencia del enfoque de Lévi-Strauss. En realidad, sucedió que en 1952 la revista *Les Temps Modernes*, dirigida por Jean Paul Sartre, publicó un ensayo elogioso sobre Borges firmado por Etiemble, famoso crítico francés. Luego, Borges y Sartre se conocieron personalmente pero no coincidieron en sus enfoques filosóficos. En la década de 1950 Sartre fue considerado el filósofo de la libertad: reflexionó acerca del concepto de la conciencia no como algo que se encuentra cómodamente dentro de uno, sino como algo sin condicionamiento alguno; para él, el individuo es libre: la libertad de conciencia, de elección, de acciones es lo que produce cierta revelación y creación de sentido. Conciencia y mundo, entonces, forman una sola unidad y no se trata de cuestiones separadas o desligadas. Borges, en cambio, ubica la conciencia como parte indivisible del cosmos, porque todo en el cosmos es una sola unidad cohesionada de un modo que desconocemos. Dijo: «Si hay un universo todas las cosas están unidas; y la enumeración caótica puede servir para que sintamos no el caos, sino el cosmos o secreto cosmos del mundo».

Para Borges, la historia universal puede ser llamada la historia cósmica. Dijo que nunca se interesó por el existencialismo, porque nunca se interesó por las filosofías que identificó como patéticas. «Quien ha entrevisto el universo, quien ha entrevisto los ardientes designios del universo, no puede pensar en un hombre, en sus triviales dichas o desventuras, aunque ese hombre sea él. Ese hombre ha sido él y ahora no le importa. Qué le importa la suerte de aquel otro, qué le importa la nación de aquel otro, si él, ahora es nadie».

Schopenhauer había escrito que la vida es el breve transcurso de tiempo que existe entre la nada anterior al nacimiento, y la nada posterior a la muerte. Sartre sostuvo que el hombre empieza por ser nada, y sólo será después, y será tal como se haya hecho. Platón describió al hombre como un *ser en potencia*. Graham Greene escribió que *ser humano* es también un deber. El hombre se hace a sí mismo. Borges sostiene algo análogo a todos ellos al afirmar que cada hombre teje su destino a través de la elección entre las oportunidades que en cada momento se le ofrecen, simbolizados en los laberintos o en los senderos que se bifurcan y en los espejos que transducen al ser en una imagen. En "Deutsches Requiem", cuento en el cual Borges hace, con su habitual elevada literatura, una feroz crítica al nazismo, escribe que «todos los hechos que pueden ocurrirle a un hombre, desde el instante de su nacimiento hasta el de su muerte, han sido prefijados por él».

El rechazo de Borges a las ideas filosóficas de Sartre, cuando este autor era muy popular en Argentina, le generó a Borges críticas feroces tanto desde la izquierda como de la derecha nacionalista. Algunos de esos críticos se convirtieron en elogiosos comentaristas de Borges y conferencistas acerca de su obra, pero *post mortem* del autor, hecho reconocido por Beatriz Sarlo, quien a pesar de ello lo ha descripto como autor de las orillas, de los límites, del lejano sur de América, cuando en realidad fue universal porque su temática y sus formas lo son. Sarlo resume el debate de este modo: «Contra todo fanatismo, la literatura de Borges busca el tono de la suspensión dubitativa que persigue un ideal de tolerancia». (SARLO, 1995) El libro que reúne las conferencias de Sarlo se llama "Un escritor en las orillas", lo cual es una alusión a un texto de Borges titulado "Séneca en las orillas", que publicó la revista *Sur* en el año 1931, que trata del lenguaje orillero (así lo llama el autor) utilizado en las inscripciones que se exhibían en los carros tirados a caballo en aquella época en Buenos Aires. (BORGES, 1931)

FILOSOFÍA DE LA INCREDULIDAD

He conocido lo que ignoran los griegos: la incertidumbre
Jorge Luis Borges

«La filosofía no es una doctrina sino una actividad. Una obra filosófica consiste esencialmente en elucidaciones. El resultado de la filosofía no está en producir "enunciados filosóficos", sino en esclarecer enunciados». La cita no corresponde a Borges, sino a Wittgenstein. Y es casi análoga a otra ya mencionada, en este caso sí perteneciente a Borges: la filosofía «es el conocimiento de una serie de dudas y de explicaciones contradictorias». Es el conocimiento de esas dudas, no la respuesta a las mismas. La duda permanece, pero la filosofía intenta recordarnos que las dudas y las contradicciones subsisten a pesar de ella. «En el marco de esas apropiaciones y usos discursivos, la concepción no enunciativa de la filosofía es el punto que permite emparentar con Wittgenstein, iluminando así otro vínculo que no había sido tan explorado por la crítica». (BLANCO 2023) También para Heidegger la ontología consiste sólo en interrogarse acerca del ser, sin pretender una definición taxativa.

El debate acerca de la filosofía de Borges (o aquella que Borges admiraba e intertextualizó) es habitual en los círculos intelectuales. Me atrevo a opinar que en realidad Borges fue más allá: reelaboró la teoría filosófica idealista desde una óptica agnóstica y una cosmovisión integradora.

En "El idioma de los argentinos", de 1928, escribió Borges: «Quiero publicar una volvedora indecisión de mi pensamiento, a ver si algún otro dubitador me ayuda a dudarla y si su media luz compartida se vuelve luz». No pide respuesta, pide que lo ayuden a dudar: he aquí el nodo de la filosofía de Borges. El hombre no puede saber, ni siquiera saber que no sabe: es ignorante de su propia ignorancia. Sólo sabrá quién o qué es cuando llegue al momento final. Es habitual señalar que la filosofía tiene una intención propositiva, y en efecto así fue desarrollada por muchos pensadores. Para Borges, en cambio, la filosofía no afirma ni niega, sino que «recorre los territorios en transición». (ALMEIDA, 2004)

"Ese sentido del equilibrio, fuente de simetrías y lucidez, esa orientación enciclopédica del saber, esa ironía que vuelve sobre sí misma y se embarca, a pesar de todo, en las profundidades de la metafísica relativizando costumbres y visiones, coincide en gran parte con el espíritu que animó el Siglo de las Luces y que ilustran muy bien tanto David Hume como Jonathan Swift, por ejemplo". Nos recuerda que ya en 1936, en una breve biografía sobre el filósofo Oswald Spengler, publicada en la revista "*El hogar*", Borges escribió que, «para los pensadores alemanes, el universo es apenas un pretexto que justifica la confección de enormes edificios dialécticos: siempre infundados, pero siempre grandiosos». (BOLAÑOS GODOY, 2019) En palabras de Rodríguez Zapatero «gran parte de su literatura desarrolla la filosofía de su propia incertidumbre, extraña mezcla de pasión y escepticismo, esa mezcla de la que en distinta proporción y cantidad estamos hechos los seres humanos, pero que en el caso de nuestro autor se dan en un equilibrio y abundancia cuya mejor prueba es su obra». (RODRÍGUEZ ZAPATERO, 2023)

A principios de la década de 1920, en su texto "Acerca Del Expresionismo", Borges muestra el sentido de su acercamiento a la Biblia y la importancia que otorga al judaísmo en el hacer histórico-cultural: «La teología -que los racionalistas desprecian- es en última instancia, la logicalización o tránsito a lo espiritual de la Biblia, tan arraigadamente sensual. Es el ordenamiento en que los pensativos occidentales pusieron la obra de los visionarios judaicos. ¡Qué bella transición intelectual desde el Señor, que al decir del capítulo tercero del Génesis, paseábase por el jardín en la frescura de la tarde, hasta el Dios de la doctrina escolástica, cuyos atributos incluyen la ubicuidad, el conocimiento infinito y hasta la permanencia fuera del Tiempo en un presente inmóvil y abrazador de siglos, ajeno de vicisitudes, horro de sucesión, sin principio ni fin!» (BORGES, 1997)

La filosofía y la teología aparecen a menudo literariamente valoradas y filosóficamente discutidas por Borges. Dice en el epílogo a "Otras inquisiciones", del año 1952: «Dos tendencias he descubierto, al corregir las pruebas, en los misceláneos trabajos de este volumen. Una, a estimar las ideas religiosas o filosóficas por su valor estético y aun por lo que encierran de singular y maravilloso. Esto es quizá indicio de un escepticismo esencial». En *Tlön, Uqbar, Orbis tertius*, se afirma que «los metafísicos de Tlön no buscan la verdad, ni siquiera la verosimilitud: buscan el asombro». Karl Popper desarrolló en 1978 el concepto de "Orbis Tertius" (lo llamó "Mundo Tercero" o "Mundo 3"), no refiriéndose a la obra de Borges, como "el mundo de productos de la mente humana, tales como lenguajes; leyendas, historias y mitos religiosos; conjeturas o teorías científicas y construcciones matemáticas; canciones y sinfonías; pinturas y esculturas". Resulta evidente, aunque el escritor y el filósofo no se mencionan mutuamente, la similitud entre ambas concepciones; también existen diferencias, claro está. (POPPER, 1978)

Como reafirmación de su incredulidad cabe recordar la *Nota* del propio Borges a su poema "Las dos catedrales": «La filosofía y la teología son, lo sospecho, dos especies de la literatura fantástica. Dos especies espléndidas. En efecto, ¿qué son las noches de Sherazad o el hombre invisible, al lado de la infinita sustancia, dotada de infinitos atributos, de Baruch Spinoza o de los arquetipos platónicos?». (BORGES, 1981)

Grandiosos, singulares, maravillosos, asombrosos, espléndidos son los calificativos que utiliza Borges, porque para él los textos de los sistemas filosóficos y religiosos son más interesantes estéticamente por sí mismos que por su relación real con el mundo o con el conocimiento. No los acepta como actos de fe, sino de placer estético. En su óptica no son textos enunciativos, sino una hermosa invención prosódica. «¿Qué más quiere Santo Tomás de Aquino que ser el mayor poeta del mundo?». Los *Evangelios*, según Borges, han sido escritos por los cuatro mejores novelistas de la historia, lo cual no niega la existencia física de Jesús sino que lo convierte en excusa para la creación histórica y literaria.

En "El tiempo y J. W. Dunne", Borges comentó la teoría de la regresión infinita y señaló: "Ante una tesis tan espléndida, cualquier falacia cometida por el autor, resulta baladí". Y en una entrevista radial se burlaba de un Profesor de la Facultad de Filosofía y Letras que enseñaba (y exigía memorizar a sus alumnos) que la filosofía es «un conocimiento claro y preciso», *exacta y solamente en ese orden: claro y preciso.* Y Borges respondía: «¿Cómo va a ser la filosofía un conocimiento claro y preciso?; es el conocimiento de una serie de dudas y de explicaciones contradictorias". (BORGES, 2023) Son esas dudas y contradicciones las que llevan a Borges a «dudar de los recuerdos, los nombres y los rostros... La duda se convierte, así, en su único y débil nexo con la realidad». (GIRIBET, 2010)

En "Nueva refutación del tiempo", Borges confiesa haber deducido de Berkeley y de Hume lo que él entiende como «la consecuencia inevitable de su doctrina». En uno de sus cuentos hace una observación filosófica: «Hume notó para siempre que los argumentos de Berkeley no admiten la menor réplica y no causan la menor convicción». La cita ciertamente proviene de Hume, y Borges la incluye también en su ensayo "La postulación de la realidad," que comienza de este modo: «Hume notó para siempre que los argumentos de Berkeley no admiten la menor réplica y no producen la menor convicción; yo desearía, para eliminar los de Croce, una sentencia no menos educada y mortal. La de Hume no me sirve, porque la diáfana doctrina de Croce tiene la facultad de persuadir, aunque esta sea la única. Su defecto es ser inmanejable; sirve para cortar una discusión, no para resolverla».

Según Borges la filosofía es una rama de la literatura fantástica, y según Deleuze un libro de filosofía es una suerte de novela de ciencia ficción. «En el caso del argentino, como él mismo afirma, es el indicio de un escepticismo esencial… Las diferencias no reposan en las respectivas concepciones de la filosofía, sino en las respectivas concepciones de la literatura. En ambos casos, la filosofía es una forma de literatura, y de literatura fantástica o de ciencia ficción». (CHERNIAVSKY, 2012)

Al descreer sinceramente de todo *sistema* filosófico o teológico, Borges consigue fundar sus conceptos literarios en la perplejidad, en su incredulidad esencial y en la falta de certeza, tanto como nutriente básico para el desarrollo de su pensamiento filosófico como por su propia responsabilidad intelectual y moral. Por eso lo califico como el filósofo de la incredulidad. Él mismo dijo: «Toda persona llega a ser escéptica de lo que conoce». Todo consiste en dudas y vacilaciones. «No tengo ninguna certidumbre, ni siquiera la certeza de la incertidumbre». (BORGES - FERRARI, 2023) Por eso mismo Borges jamás podría haber adherido a una ideología, ya que debería haber aceptado para ello una verdad irrefutable, única y obligatoria. Toda ideología consiste en la cancelación del pensamiento crítico y analítico.

Dice en el poema "La luna": «Siempre se pierde lo esencial. Es una / Ley de toda palabra sobre el numen». En este caso la palabra *numen* alude el sentido sacro, inmanente, que según los antiguos griegos romanos estaba en todo lugar y objeto, y expresa la idea del poder mágico de los objetos. Es imposible conocer su esencia, ese es el fundamento de la incredulidad.

Claro está que Borges no creó la filosofía de la incredulidad (o del escepticismo). De hecho, la imposibilidad humana de acceder con certeza al conocimiento ha sido parte esencial del debate hermenéutico. El español Castany Prado enumera muchas de las formas y escuelas que adquirió ese pensamiento: «el escepticismo radical de Pirrón, el escepticismo académico de Carnéades, el escepticismo dialéctico de Agripa, el escepticismo empírico de Sexto, el escepticismo bíblico del libro de Job y el Eclesiastés, la teología negativa o apofática —hebrea, cristiana o islámica—, el nominalismo medieval, el escepticismo erasmista, el pirronismo barroco, así como las diversas reacciones escépticas contra el racionalismo y el cientificismo moderno occidental, representadas, entre otros, por Arthur Schopenhauer, Friedrich Nietzsche, William James, Martin Heidegger o Hans Georg Gadamer». (CASTANY PRADO, 2012)

Para dar sentido semiótico y ontológico a su incredulidad, Borges recurre al adversativo (quizá, acaso, aunque, etc.), a la paradoja, al oxímoron o *contradictio in terminis* (por ejemplo, «*Nueva* refutación del tiempo» o «*Historia* de la eternidad»), a la hipálage («nadie lo vio desembarcar en la *unánime* noche»), a la parábola, a las enumeraciones, a la falacia, a la intertextualidad, a la síncresis y a la metáfora. No pocas veces recurre a la elipsis, asombrando al lector, quien se interroga acerca de esa omisión intencionada. Dice Castany Prado: «el escéptico no escatima ningún tipo de medio, ni siquiera la *vis* retórica de las falacias y las mentiras, para convencernos de nuestra ignorancia». (CASTANY PRADO, 2012) Me temo que existe una diferencia importante: Borges no miente, nos muestra, sin decirlo, sus dudas y nuestra ignorancia.

Esto es lo que comentaba Borges con respecto a su incredulidad y el adversativo: "Me siento más conjetural que afirmativo. Me gustaría ser afirmativo, me desagrada ser negativo; me quedo en el tal vez, en el quizá." (BORGES, 2023)

He aquí la *hipálage*. El cuento "Las Ruinas Circulares" comienza así: «Nadie lo vio desembarcar en la unánime noche». El sustantivo noche y el adjetivo unánime no se corresponden. Unánime deriva del latín *unanimis*, por lo cual se define como una sola *anima* (del latin, *anima, animae*), es decir un único *principio o soplo vital*. La primera frase por lo tanto deja al descubierto el sentido profundo de toda la narración: el principio o soplo vital aparece en la noche previa a los tiempos.

En cuanto a la *parábola*, el propio Borges subraya: «"El jardín de senderos que se bifurcan" es una enorme adivinanza, o parábola, cuyo tema es el tiempo; esa causa recóndita le prohíbe la mención de su nombre». Gilles Deleuze comenta esta parábola a partir de la bifurcación del espacio como acción del tiempo para introducir la imagen temporal del recuerdo: «El tiempo según Mankiewicz es exactamente el que Borges describe en "El jardín de los senderos que se bifurcan": no es el espacio, es el tiempo el que se bifurca». (DELEUZE, 1985)

La *enumeración* «es un género lícito, ¿no? No creo que esté prohibida la enumeración... Además es bastante difícil. Se habla de enumeración caótica, pero no tiene que ser caótica, tiene que estar eslabonada. En la enumeración tiene que haber siempre, digamos, un vínculo, entre un eslabón y otro... Es decir, que la enumeración caótica no tiene que ser caótica; tiene que ser secretamente cósmica y no caótica. Secretamente ordenada». En la misma serie de entrevistas dijo: «Las enumeraciones caóticas no existen. Si fueran caóticas serían intolerables. Tiene que haber siempre algo de cósmico en lo caótico... La enumeración caótica no es caótica. Ese es un error de no sé qué tratadista alemán... De Leo Spitzer, sí. No, tiene que ser cósmica. Tiene que haber un orden. Porque si no sería disparatada, simplemente». (BORGES - CARRIZO, 1982) Resulta interesante en las enumeraciones de Borges el uso de las elipsis. Él mismo escribió, al comentar la antología "Tales of Detection", de Dorothy L. Sayers, que «las omisiones suelen constituir —¿quién lo ignora?— el encanto más indudable de las antologías». Casi al pasar, Borges calificó a la enumeración como un género literario. Quizá sólo él haya logrado llegar a tal cumbre.

La *intertextualidad* en cuanto absorción y transformación de una multiplicidad de otros textos, es explícita en Borges. A los cinco años de edad escribió, en inglés, un texto (perdido) flagrantemente intertextual sobre la mitología griega. Es más, si su producción ya largamente extendida por el siglo se coloca en dos extremos, uno en el principio de su carrera, *Historia universal de la infamia*, fechado en 1935, y *Libro de sueños*, aparecido en 1976, se observa que en ambos predomina la intertextualidad. Son presentados en sus prólogos como «ambiguos ejercicios» sobre los cuales no se tiene mayor derecho que el que podría tener un traductor o un lector. Es decir, concebía su actividad como un ejercicio que le permitía luego pasar a una «trabajosa composición» de ficciones. O como un amanuense, le gustaba decir, que sólo escribe aquello que le llega por inspiración. Las ficciones borgeanas se inscriben en el universal ámbito de lo intertextual y su filiación es ampliamente declarada, no escondida. Por ejemplo, en *Historia universal de la infamia* e *Historia de la eternidad* Borges hizo confesión expresa de la intertextualidad, una relación con lo escrito antes, una negación de la individualidad del escritor, una corroboración de la escritura como saber colectivo. La intertextualidad se convierte en el cuerpo de la ficción. (GLANTZ, 2006) En una nota sobre Walt Whitman, Borges explicó que en 1874 Nietzsche se burlaba de la tesis pitagórica de que la historia se repite cíclicamente y luego, en 1881, concibió de pronto esa tesis (*Ecce homo*). «Lo tosco, lo bajamente policial, es hablar de plagio; Nietzsche, interrogado, replicaría que lo importante es la transformación que una idea puede obrar en nosotros, no el mero hecho de razonarla». (BORGES, 1932)

En el ensayo «Nueva refutación del tiempo» Borges considera meros «juegos verbales» argumentos desarrollados por diversos filósofos acerca del tema, es decir que los califica como mera *falacia*, porque la supuesta eficacia de la argumentación proviene «no del rigor demostrativo, sino de su vivacidad estilística y formal». Una vez más, el lector se enfrenta a la inseguridad cognoscitiva.

Borges describió la *metáfora* con profundidad y rigurosidad: «es el contacto momentáneo de dos imágenes, no la metódica asimilación de dos cosas». Claro que la incredulidad no puede estar ausente, y sobre todo el sentido profundo del concepto lingüístico: «Es quizá un error suponer que pueden inventarse metáforas. Las verdaderas, las que formulan íntimas conexiones entre una imagen y otra, han existido siempre».

En su ensayo "Nathaniel Hawthorne" explica con respecto a la *alegoría*: «sé que es tanto mejor cuanto sea menos reducible a un esquema, a un frío juego de abstracciones». En la misma obra analiza el proceso creativo de una novela y de un cuento. Hawthorne «primero concebía una situación, y después elaboraba la gente que su plan requería. Ese método puede producir, o permitir, admirables cuentos, porque en ellos, en razón de su brevedad, la trama es más visible que los actores, pero no admirables novelas, donde la forma general (si la hay) sólo es visible al fin y donde un solo personaje mal inventado puede contaminar de irrealidad a quienes lo acompañan». Se trata de la estructura y de que el personaje sea creíble para el escritor.

La *falacia* está presente, por ejemplo, en el cuento "El Zahir". Allí menciona Borges al persa Luft Alí Azur. Este realmente existió y fue, tal como se explica, derviche (un tipo de sacerdote musulmán) y autor de un libro de biografías conocido en castellano como "Templo del Fuego" (*Atashkadah*). Borges agrega en una supuesta cita, entrecomillada para hacernos creer en su autenticidad, que hubo un astrolabio de cobre que un rey ordenó tirar al fondo del mar: no existe demostración ni de la cita ni del supuesto astrolabio.

ATEÍSMO, AGNOSTICISMO Y MISTICISMO

Osvaldo Ferrari, dialoguista con Borges, concluye: «A pesar de su denodado agnosticismo, de su irreductible ateísmo, la misteriosa creación lo remitía a una percepción mística de las cosas. Recordaba insistentemente dos frases: "El arte sucede" ("*Art happens*") del pintor norteamericano Whistler y "El espíritu sopla donde quiere" de la Biblia, y se felicitaba por haber descubierto a esa altura de su vida, que ambas frases significan lo mismo». (BORGES-FERRARI, 2023)

Aunque siempre se proclamó ateo, los temas de Borges, escritos o hablados, muestran efectivamente una mística profunda. ¿Qué es el universo? ¿Qué es la vida? Pero no reniega de su agnosticismo: "Todo es parte de esa trama cuyo fin ignoramos- ni siquiera sabemos si tiene un fin tampoco".

Sentía Borges una gran proximidad con Spinoza, filósofo cuya influencia se hace sentir en toda su obra. «Spinoza… dice que dar atributos humanos a Dios es como si un triángulo dijera que Dios es eminentemente triangular. Decir que Dios es justo, misericordioso, es tan antropomórfico como afirmar que Dios tiene cara, ojos o manos». (BORGES 2019)

Preguntado si creía en Jesucristo como ser histórico respondió que, en caso contrario, tendría que pensar que los cuatro más grandes escritores de la antigüedad fueron cuatro novelistas. Sin embargo, en 1985 dijo públicamente que todas las noches rezaba antes de dormir, porque así se lo había prometido a su madre, fallecida diez años antes. En su dormitorio había un crucifijo en la pared ¿A quién y para qué rezaba? A María, a Jesús fruto de su vientre, al Señor, porque así se la había prometido a su madre. Reconocía la existencia histórica de Jesús y de Buda, sin otorgarles carácter divino, aunque no todos los budistas admiten que Buda haya existido como persona física. Recordemos que para todo cristiano Jesús sí fue persona física, y los musulmanes también lo aceptan, pero como profeta, no Dios en la Tierra. En una entrevista en 1980, conocida recién en 2024, dijo «creo que soy cristiano, pero no católico. Yo podría llegar a ser protestante, sin liturgia, sin pompas, sin jerarquías». (SCHERER 2024) Creía, no aseguraba, ser cristiano. Dubitativo, escéptico en cuanto a sus propias creencias y certezas. En todo caso, le parecía más fácil ser budista, porque los budistas no esperan la creencia de un Dios personal.

Borges reflexionó sobre los procesos que generaron las paradojas de Zenón, quien planteó un tema filosófico por excelencia: lo infinito y lo infinitesimal, que se reitera en numerosos cuentos borgeanos, tal como por ejemplo "El Aleph". Dice Borges en su relato "Los avatares de la tortuga": «Hay un concepto que es el corruptor y el desatinador de los otros. No hablo del mal cuyo limitado imperio es la ética; hablo del infinito. Yo anhelé compilar alguna vez su móvil historia. La numerosa Hidra (monstruo palustre que viene a ser una prefiguración o un emblema de las progresiones infinitas) daría conveniente horror a su pórtico; la coronarían las sórdidas pesadillas de Kafka y sus capítulos centrales no desconocerían las conjeturas de ese remoto cardenal alemán –Nicolás de Krebs, Nicolás de Cusa- que en la circunferencia vio un polígono de un número infinito de ángulos y dejó escrito que una línea infinita sería una recta, sería un triángulo, sería un círculo y sería una esfera (*De Docta Ignorantia*, I, 13). Cinco, siete años de aprendizaje Metafísico, Teológico, Matemático, me capacitaron (tal vez) para planear decorosamente ese libro. Inútil agregar que la vida me prohíbe esa esperanza, y aún ese adverbio". Nicolás de Cusa (1401-1464) fue conocido sobre todo por el libro citado por Borges, en el cual desarrolló su teoría teologal, centrada en la idea de la docta ignorancia y la coincidencia de los opuestos. Todo, el creador y su creación, encuentra su plenitud en Cristo, porque sólo en él sucede la más alta unión del hombre con Dios, representando así a toda la humanidad y enlazando en sí a todos los hombres. Pero Jesús merece otras consideraciones a Borges.

En "Tres versiones de Judas", comentó los presupuestos fundacionales del pensamiento del teólogo sueco evangélico Nils Runeberg, personaje de ficción, quien sostuvo que Dios, que disponía de los considerables recursos que la Omnipotencia puede ofrecer, no necesitaba de un hombre (Jesús) para redimir a todos los hombres. De esto dedujo que Judas no fue un traidor por codicia o maldad, sino porque ese era el designio de Dios: Jesús debía morir. Borges lo dice con estas palabras: Dios «para salvarnos pudo elegir *cualquiera* de los destinos que traman la perpleja red de la historia; pudo ser Alejandro o Pitágoras o Rurik o Jesús; eligió un ínfimo destino: Judas». Llega así Borges a la conclusión de que su personaje había descubierto y divulgado el horrible nombre de Dios: Judas, quien entrega a su propio hijo a los que serán sus asesinos. Judas bien podría ser el nombre de Dios, porque en hebreo tiene cuatro letras (*Judá*), tal como indica la tradición con respecto al nombre que no conocemos ni conoceremos. En español, el idioma en el cual mayor cantidad de obras escribió Borges, la palabra Dios también tiene cuatro letras.

En "El libro de arena" asume cierto cariz irónico: «Jesús era como los gauchos, que no quieren comprometerse, y que por eso predicaba en parábolas». (BORGES 1975) La ironía consiste en que Borges criticaba el uso de la palabra gaucho, a la cual interpretaba como una ficción de la ciudad, porque en la pampa argentina se dice paisano. Y si el gaucho era una ficción de la ciudad, Jesús gaucho es también ficción. Pese a ello, numerosas veces usó la palabra *gaucho*. La Iglesia, como institución, no le interesaba ni intelectual ni emocionalmente. Citaba a Voltaire: «La Iglesia es para dedicarla a santos y vírgenes, pero no para dedicarla a Dios». (SCHERER, 2024) Al comentar su creencia de que Evaristo Carriego pertenece a la *"ecclesia visibilis"* de la literatura argentina, dijo Borges que existe «la iglesia visible y la invisible. Mallea habló de eso también: de la Argentina visible y la invisible. Sí. Creo que la iglesia invisible son todos los justos, y la iglesia visible, puede ser ... bueno, los que no serán admitidos en el paraíso». (BORGES - CARRIZO, 1982)

En el poema "Everything and Nothing" Dios le habla a un autor cuyo nombre sólo queda revelado en el último párrafo: "La voz de Dios le contestó desde un torbellino. Yo tampoco soy; yo soñé el mundo como tú soñaste tu obra, mi Shakespeare, y entre las formas de mi sueño estabas tú, que como yo eres mucho y nadie". Dios no es, o es nadie, pero el mundo es un sueño, y tampoco Shakespeare es, pero su obra es un sueño. Aparece la idea de la vida como sueño y, tal como sucede en "Las ruinas circulares", Dios es un sueño y crea un sueño. Thör es el Dios del Trueno, pero también es el trueno, no es una persona. Dios es muchos y es nadie, cada uno de nosotros es muchos y es nadie. Pero todos somos sombra. Jung decía que a todos nos acompaña una sombra. Borges nos obsequia una duda: ¿seremos cada uno de nosotros "dioses" que sueñan? La deidad es muchos y es nadie. Nosotros somos sueño y los sueños que soñamos son deidad, en la misma medida en que cada ser humano y sus sueños son deidad, son aquello que representan, así como Thör es el trueno y es el Dios del trueno. La divinidad misma es un sueño soñado por los hombres. Es la desacralización de Dios persona y la deificación del hombre *en sí*. No hay un Dios personal, pero cada uno puede comportarse éticamente como si lo fuese. En sus dos poemas "Ajedrez", según el mismo Borges lo describió, «las piezas creen ser libres y no lo son, y los jugadores creen ser libres y no lo son; y Dios cree ser libre pero no lo es, y el otro dios cree ser libre y no lo es, y así hasta lo infinito». La divinidad es inmanente en cada ser humano. Borges no negaba su sentimiento místico. «Uno puede ser místico y no creer en la divinidad, o creer, digamos, en una divinidad general del espíritu, una divinidad inmanente en cada hombre, o lo que fuera. Pero no en otro dios, en

32

otro Señor, como en otra persona». Es apropiado recordar la búsqueda de un lenguaje secreto y divino, una configuración mística que logre dar con la totalidad y exprese en ese límite la realidad misma. Es la idea desarollada en "La escritura del Dios".

Según Russell, una característica del misticismo es la creencia en una forma de sabiduría súbita, penetrante, coactiva; la creencia en la unidad y el rechazo a admitir la oposición o división en parte alguna; la negación de la realidad del tiempo: si todo es uno, la distinción entre pasado y futuro debe ser ilusoria. Esta doctrina predominaba en Parménides; y es fundamental en los sistemas de Spinoza y Hegel. (RUSSELL 1987) Borges reúne todos esos requisitos para ser considerado un místico.

Sostenía que el destino de cada persona está prefijado, pero no porque haya algo o alguien que lo prefije, sino que ese destino queda fijado por una suma, quizá infinita, de efectos y de causas, y estamos determinados por esa ramificación de efectos y de causas. Cada hombre va forjando ese destino, que se convierte en inexorable, porque cada uno ha elegido en cada momento de su vida cuál bifurcación tomar, y eso trae consecuencias. Son los laberintos de ese jardín que es la vida misma con sus opciones, son los senderos que se bifurcan dando a cada uno la opción de elegir cuál tomar, prefijando y configurando nuestro destino. En "El Zahir" dice: «No hay hecho, por humilde que sea, que no implique la historia universal y su infinita concatenación de causas y efectos», y en "La escritura del Dios": «Un hombre se confunde, gradualmente, con la forma de su destino; un hombre es, a la larga, sus circunstancias». Aquello que llamamos destino no está literalmente prefijado, lo construimos paso a paso con nuestras decisiones (o no decisiones), porque el futuro es un repertorio de senderos posibles. Aquí resuena el pensamiento de Carl Jung: «Yo no soy lo que me sucedió. Yo soy lo que elegí ser». Por eso descreía Borges del libre albedrío. Tampoco Dios es libre, aunque crea lo contrario:

es el soñador que nos sueña, del mismo modo que nosotros lo soñamos a Él.

La idea del ajedrez estuvo reiteradamente presente en la literatura porque hubo quienes creyeron hallar una trágica equivalencia entre la movilidad de una pieza de ajedrez, que siempre depende de la voluntad del jugador, y la suerte del individuo, cuya voluntad está limitada por fuerzas ajenas a él. Omar Khayyam en un poema compilado en sus "Rubaiyyat", dice: "Y después de todo, qué es la vida sino un inmenso tablero de ajedrez, sobre el cual el Destino mueve a los hombres como si fueran piezas, y luego los coloca en una caja de madera". El matemático y filósofo judío alemán Emmanuel Lasker, campeón mundial de ajedrez entre 1893 y 1921, sostuvo que el ajedrez «en su mistérica potencia -porque impacta el espíritu humano de manera formidable, desatando en él una auténtica tempestad de pasiones sólo accesible a quienes han logrado internarse en sus oscuros laberintos- demostraba la veracidad de la filosofía materialista, iniciada en Demócrito y continuada por Feuerbach y Marx». (MAIZTEGUI CASAS 2006)

Borges hace una interpretación metafísica al escribir que las piezas del ajedrez se mueven porque alguien las mueve, así como Dios mueve al hombre, y se pregunta entonces quién mueve a Dios. Uno de los sonetos finaliza así:

> «Dios mueve al jugador, y éste, la pieza.
> ¿Qué Dios detrás de Dios la trama empieza
> de polvo y tiempo y sueño y agonías?»

Una vez más: «Borges no afirma ni niega la existencia de Dios, ni sus atributos supranaturales; se limita a dejar, sobre la inteligencia del lector, como la Antigua Discordia en el Olimpo, la manzana de la duda, la llaga dolorosa de dos signos de interrogación». (MAIZTEGUI CASAS, 2006)

En más de una oportunidad Borges escribió que el cristianismo es una rama del judaísmo, definiéndolo como un conjunto de imaginaciones hebreas interpretadas por sus teólogos a través de Aristóteles y por sus místicos a través de Platón». En "El enigma de Edward Fitzgerald" sostuvo que «todo hombre culto es un teólogo, y para serlo no es indispensable la fe», al tiempo que cuestionó el canon teológico cristiano. Al admirar la *imaginación* de los teólogos (mayor que la de los poetas) y la de los mitólogos, a quienes consideraba teólogos, la religión y la metafísica se transforman en ramas de la literatura fantástica. Elogiaba la belleza literaria de los Evangelios, a los cuales consideraba contemporáneos y, quizá lo más importante, futuros todavía. Pero rechazó siempre la idea de un Dios persona, y mucho más la idea de la Trinidad, la cual decía no poder entender. Ignoramos si Dios existe, y «el hecho de que haya varias pruebas de la existencia de Dios quiere decir que no estamos muy seguros de esa existencia». No niega, duda. «Desde el momento en que hay tantos insectos a Dios le gustarán -si es que Dios existe-... Quizá para Dios cada mosquito sea tan individual como Shakespeare». (BORGES 2023) Las expresiones *si es que Dios existe* y *quizá* reiteran la duda y la perplejidad permanentes. Define al credo, es decir la fe confirmada y sostenida, como la consecuencia final en una serie de procesos mentales y emocionales, y cada hombre es toda la serie.

Más que negar la existencia de Algo a Alguien ordenador del universo, criticaba aspectos específicos de la teología católica, al señalar que la idea de una confesión y de una absolución le parecía inmoral. «La idea de un dios que amenaza me parece ridícula; …y la idea de un premio también está mal, porque si uno obra bien, se entiende que el haber obrado bien, el tener una conciencia tranquila ya es su propio premio; y no requiere premios adicionales, y menos premios inmortales o eternos…. La idea es rechazar lo que Shaw llamaba el soborno del cielo, y la amenaza del infierno… Esperar una recompensa o temer un castigo es inmoral». (BORGES 1985) En una nota al pie, cuando comenta a Pascal, Borges anota que el hombre busca con libertad su propio camino en la vida (concepto recurrente en él, al cual a veces denomina destino), no un eterno estable-cimiento carcelario ni uno piadoso. Esta concepción del *logos* no significa el rechazo a una perspectiva mística porque ese recorrido de laberintos también lo explica así: todos los pasos de un hombre en su vida dibujan en el tiempo una figura in-concebible que la *Inteligencia Infinita* intuye inmediatamente.

Tres textos bíblicos eran los predilectos de Borges: el Can-tar de los Cantares, El Libro de Job y el Eclesiastés. Opinaba que el "Libro de Job" es la gran versión hebrea del diálogo platónico. «Si el Eclesiastés fascina a Borges por la pragmática piedad con que interioriza el inexorable recurrir de los ciclos vitales y la irremediable vanidad de todos los afanes humanos, el Libro de Job le ofrece con su representación del sufrimiento del justo las claves para una respuesta hebrea a la tragedia grie-ga...» (NAHSON 2009)

Borges fue lector y admirador de la obra del místico sue-co Emanuel Swedenborg (1678-1772), quien sostenía que la salvación es de orden ético e intelectual y que nadie es con-denado al cielo o al infierno, sino que uno va preparándose a lo largo de su vida para uno de esos destinos, idea que Borges reitera a lo largo de su obra, adjudicando además a Blake ha-ber agregado la salvación estética. En otras palabras, el destino existe: es el que cada uno forja ante cada bifurcación de los senderos, laberintos, bibliotecas de su vida. Pero nadie sabe quién *es*. Lo que Borges llama el destino no nos es prefijado.

Swedenborg, tantas veces mencionado por Borges, creó la Nueva Iglesia, movimiento religioso fundado originalmente en 1787 y que se subdividió en varias denominaciones cris-tianas que veneran los escritos de Swedenborg como revela-ción. Este decía que hablaba diariamente con los ángeles y que tenía permiso para visitar el cielo y el infierno. Explicó que los ángeles pueden estar conversando el uno con el otro, pero siempre están frente a Dios, lo cual ha sido interpretado como cierto atisbo de la cuarta dimensión, a la cual Borges en su juventud estudió y adhirió. En "Biblioteca personal" Borges escribió: «Como los cabalistas y como Swedenborg, pensaba que el mundo es un libro y que cada criatura es un signo de la criptografía divina. Nadie sabe quién es». (BORGES 1985)

Cuenta Bioy Casares en su "Diario" que en una cena en su casa, en el año 1949, él y Borges comentaron que es curioso que nadie haya advertido que todo el infierno de Shaw y de Sartre procede de Swedenborg. Bioy: «La de Swedenborg es mucho mejor que la escatología católica. Mucho más creíble». Borges: «Mucho mejor que la escatología de Dante, que es puro premio y castigo. ¿Cómo pudo Dante poner en el infierno a Paolo y a Francesca? Son gente noble».

William Blake (1757-1827), frecuentemente citado por Borges, también tenía (en este caso desde su infancia) visiones frecuentes de ángeles y era extremadamente apegado a la Biblia, pero no adhirió a la escuela de Swedenborg ni a su religión. También en su "Diario" en una oportunidad Borges le comentó: «No creo que Blake fuera de verdad un visionario; Swedenborg, sí. Uno siente que las visiones de Blake deben amoldarse a las necesidades de la rima. Por momentos era visionario, por momentos poeta, y nunca demasiado bueno».

Borges también incorporó en sus lecturas a Berkeley, al que consideraba "un idealista piadoso", porque sostenía que mientras los hombres no están percibiendo las cosas, Dios lo hace por ellos. Pero si para Berkeley *ser es ser percibido*, para Borges *ser es soñar y ser soñado*. Elogiaba a Hume, que, según recordó, negaba el "Yo", afirmando que cada vez que quería examinar el yo «no encontraba a nadie en casa». Y en esta línea de pensamiento, agregaba a Macedonio Fernández, de quien aseguraba que había llegado a la negación del yo por sus propios medios. Esta negación del yo, propia del idealismo, es desarrollada, según distintas teorías, en "El tiempo según J. W. Dunne": el yo es infinito, pero no puede conocerse a sí mismo, porque de ese modo sería necesario un segundo para conocer al segundo, y un tercero para conocer al segundo, y así sucesivamente hasta el infinito. La negación del yo lleva irremediablemente a la negación del inconsciente, que es la sombra o lado oscuro del yo. Por eso criticaba a Freud y el psicoanálisis. Por ejemplo, en "Formas de una leyenda" escribió: «El Budha temporal es imaginación o reflejo de un Budha eterno; el del cielo ordena las cosas, el de la tierra las padece o las ejecuta. (Nuestro siglo, con otra mitología o vocabulario, habla de lo inconsciente)». En Borges el psicoanálisis pasa a ser una mitología. Es probable que, además de razones ontológicas, basara esa opinión por la conexión que existe entre los opuestos en todos los mitos y religiones de la historia: Jung los define como *anima* y *animus*; en la mitología nórdica Balter, como dios de la luz y la verdad, y Loki, símbolo del mal; Dios y el demonio en el cristianismo; en Roma íncubo (demonio que tiene coito con las mujeres mientras yacen dormidas) y súculo (la parte femenina); en Freud se trata del consciente y el inconsciente; en el zoroastrismo, revelado por Zaratustra, Mazda guiaba al ser humano hacia la bondad y la sabiduría, Mainyu (o Ahriman) representaba las fuerzas oscuras del espíritu maligno La representación básica es el cielo (lo superior), que fecunda a la tierra (abajo) gracias a la lluvia. Todos estos mitos, leyendas o creencias religiosas (y muchos más) representan la *coniuntio oppositorum*, que ha sido explicada con diferentes palabras y dioses, pero mantiene la esencia morfológica: la hierogamia fundamental. Lo sagrado y lo profano requieren la presencia de intermediarios, ya sea que se los denomine sacerdotes, pastores, y en la antigüedad, magos.

A pesar de que su tatarabuelo, William Haslam, fue pastor metodista itinerante de la Nueva Conexión, movimiento religioso fundado por el erudito graduado de Oxford John Wesley, apasionado por los libros y la literatura, Borges no menciona esa corriente teológica cristiana.

Las creencias místicas y la crítica que de ellas hace Borges aparecen en su fragmentario evangelio apócrifo que, intencionalmente, no incluye un número indeterminado de versículos, supuestamente extraviados. Él mismo explicó algo sobre este no-evangelio: (BORGES - CARRIZO 1982)

Texto del evangelio apócrifo de Borges: «*Desdichado el pobre en espíritu, porque bajo la tierra será lo que ahora es en la tierra*».

Para Borges esa es la idea de Swedenborg y de Blake: que el tonto no puede entrar al cielo, que no será mejorado por la muerte. Habla Borges: «Desdichado el que llora, porque ya tiene el hábito miserable del llanto... eso es contra la idea cristiana de que conviene el dolor, de que conviene el llanto».

Texto del Evangelio apócrifo: «*Dichosos los que saben que el sufrimiento no es una corona de gloria*».

Habla Borges: «¿Cómo va a ser? Así que este poema viene a ser anticristiano, de algún modo... Es esa idea tan elemental: que se ha olvidado que la felicidad es superior a la desdicha... Ahí está el Islam también, sí. Y los sufíes, que creían que Dios detesta al mundo, y ellos lo detestaban también por eso».

Quizá esta frase sea un buen cierre del tema: «En cada uno de nosotros hay una partícula de divinidad. Este mundo, evidentemente, no puede ser la obra de un Dios todopoderoso y justo, pero depende de nosotros. Tal es la enseñanza que nos deja la cábala, más allá de ser una curiosidad que estudian historiadores o gramáticos». (BORGES 2019) Varias veces se refiere en sus obras a esos pájaros Simurg que atraviesan continentes y mares en búsqueda de su rey, hasta que descubren que todos y cada uno de ellos es el Simurg. Y los hombres buscamos a Dios, sin saber que Dios somos nosotros o, al menos, caras momentáneas de Dios.

EL IMPERATIVO ÉTICO

Una idea central, esparcida en sus trabajos, es la de la creación, que implica necesariamente la existencia de algo superior (Borges probablemente no lo hubiera llamado Dios) con el don único de la creación. Para Borges el "otro mundo" quizá sea una invención humana, y esto aparece asociado a su idea de no creer en un Dios persona. En sus propias palabras: «Todo ha sido fijado, lo cual no significa que haya sido fijado por alguien». Para él lo trascendente no debiera ser denominado Dios, porque eso provoca que ya se piense en un individuo, otras palabras podrían acercarnos más a la verdad, si eso es posible, lo cual también ignoramos. «Yo he pensado muchas veces: si supiéramos con certidumbre qué ocurre después de la muerte, casi toda la poesía humana quedaría invalidada. Es una suerte que no sepamos. Nuestra ignorancia nos permite muchas invenciones. Por ejemplo, cuando se sepa exactamente qué ocurre después de la muerte, ¿qué haremos con esa novela fantástica que se llama la Divina Comedia? Bueno, quedará como novela fantástica, simplemente. En cambio, ahora... bueno, no es imposible que haya un infierno, un purgatorio y un paraíso». (BORGES - CARRIZO, 1982)

Resalta Borges que lo importante no es el debate acerca de si existe o no un Dios (o múltiples Dioses) sino que haya un propósito ético en el universo: quien sienta ese propósito ético, ya es una mente religiosa.

He aquí, expresado en términos borgeanos, el imperativo moral del cual hablaba Immanuel Kant (1724- 1804), cuyo pensamiento fue luego expandido, entre otros, por Schelling, Hegel y Schopenhauer. Kant propició un *humanismo ético*. Para mantener una vida con sentido hay que respetar el valor

41

superior de la vida: el moral. En palabras de Kant: «Hay un imperativo que, sin poner como condición ningún propósito a obtener por medio de cierta conducta, manda esa conducta inmediatamente. Tal imperativo es categórico… Puede ser denominado el imperativo de la moralidad». Y afirma que la moralidad es lo único que posee dignidad.

El español Roberto R. Aramayo resume que «el empeño ético persigue siempre un ideal hacia cuyo horizonte *ucrónico*, es decir sin término temporal, avanzamos de modo *asintótico*…, como dos líneas paralelas que sólo se cortan en el infinito con arreglo al símil kantiano». (ARAMAYO 2020) Borges sostenía que debemos creer en ese propósito moral universal, aunque de hecho no exista, y obrar siguiendo nuestro instinto ético, que le agradaría que fuese también estético e intelectual.

Resuenan en Borges palabras de Bertrand Russell: «Conservemos nuestro respeto por la verdad, por la belleza, por el ideal de perfección que la vida no nos permite alcanzar, aunque ninguna de estas cosas reciba la aprobación del universo inconsciente… En eso reside la auténtica libertad del hombre: en adorar sólo al Dios creado por nuestro propio amor al bien, en respetar sólo al cielo que inspira la lucidez de nuestros mejores momentos… En el pensamiento, en la aspiración, somos libres, libres con respecto a nuestros prójimos, libres con respecto al mezquino planeta en que se arrastran impotentes nuestros cuerpos, libres incluso, mientras vivimos, de la tiranía de la muerte.» (RUSSELL 1938)

"La Lotería en Babilonia" narra un juego macabro. Todos participan en ella sin necesidad de inscribirse, nadie sabe cómo funciona ni cuáles son sus reglas, pero inesperadamente cada uno recibe algo que puede ser un premio o un castigo no justificados. Puesto que la vida de cada habitante queda regida por el azar, se trata de una sociedad injusta, en la cual las virtudes éticas pierden valor frente al despotismo de una sociedad secreta, llamada simplemente la "Compañía". «Como todos los hombres de Babilonia, he sido procónsul; como todos, esclavo; también he conocido la omnipotencia, el oprobio, las cárceles. Miren: a mi mano derecha le falta el índice. Miren: por este desgarrón de la capa se ve en mi estómago un tatuaje bermejo: es el segundo símbolo, Beth. Esta letra, en las noches de luna llena, me confiere poder sobre los hombres cuya marca es Ghimel, pero me subordina a los de Aleph, que en las noches sin luna deben obediencia a los Ghimel. En el crepúsculo del alba, en un sótano, he yugulado ante una piedra negra toros sagrados. Durante un año de la luna, he sido declarado invisible: gritaba y no me respondían, robaba el pan y no me decapitaban. He conocido lo que ignoran los griegos: la incertidumbre». (BORGES 1974)

Lo esencial para Borges era sostener la conducta ética, no como mandamiento religioso sino por convicción propia, inherente a la esencia humana. Es decir que invierte los términos del catolicismo: no se debe ser ético porque Alguien o Algo nos lo exige sino porque tenemos la íntima convicción de que así debe ser; y si lo hacemos, significa que somos religiosos, aún sin saberlo, por propia decisión. Resulta llamativo que en Babilonia la lotería era organizada por lo que denomina la "Compañía". El carácter religioso de tal institución no está en duda, porque el mismo texto lo afirma, ya que quienes eran obligados a pagar una multa, dejaron de cumplir con su obligación: «Todos optaron por la cárcel, para defraudar a la Compañía. De esa bravata de unos pocos nace el todopoder de la Compañía: su valor eclesiástico, metafísico». Destaco especialmente el carácter eclesiástico, porque existen sólo dos órdenes religiosas católicas que se llaman Compañía, ambas ignacianas y ambas con un o una Superior General al frente: una para hombres y otra para mujeres, ambas creadas en el siglo XVI: los jesuitas.

Además, así se menciona habitualmente a la Compañía de Jesús, sobre todo en América Latina. Por supuesto, si se refiriese a ésta, sería una inclusión anacrónica, es decir fuera de tiempo, porque la Orden de los jesuitas fue fundada recién en 1528 y aprobada en 1540. No puede haber existido en la antigua Babilonia. Pero también dice el cuento que «bajo el influjo bienhechor de la Compañía, nuestras costumbres están saturadas de azar». Aquí utiliza el verbo en tiempo presente, insinuando que esa institución persiste en la actualidad. El carácter religioso de la misma no puede ser negado ya que «un documento paleográfico, exhumado en un templo, puede ser obra del sorteo de ayer o de un sorteo secular». Así fuese un sorteo secular, el documento apareció en un templo y quizás sea contemporáneo.

Puede ser que Borges haya denominado intencionalmente de ese modo a la institución de la lotería, ya que durante el dominio español la Compañía de Jesús administró territorios, desde Argentina hasta Canadá (nombres actuales), llamados "reducciones indígenas" o "misiones jesuíticas", en los cuales gozaba de poder absoluto sobre las personas, tanto que percibía un alquiler por entregarlas para la guerra. Tal importancia han tenido y tienen los jesuitas en la historia sudamericana, que el escudo y la bandera argentina ostentan el sol que esa Orden religiosa utiliza en su escudo identificador: cada rayo ondulado alterna con otro recto, en total 32 rayos. Borges tenía además una historia familiar que lo conectaba con los jesuitas: su tío bisabuelo, Juan Crisóstomo Lafinur, poeta y filósofo argentino, fue perseguido por sus ideas liberales e iluministas; se exilió en Chile y allí murió a los 27 años de edad. Su familia y la de Borges siempre creyeron que fue envenenado por los jesuitas. (SCHERER 2024) Y en el cuento "El atroz redentor Lazarus Morell", el personaje intenta convencer a la familia del fallecido Tichborne y a los jueces que él era la persona buscada que no había fallecido, pero el padre Goudron, de la Sociedad de Jesús, envía una nota al *Times* advirtiendo del engaño. «Su efecto fue inmediato: las buenas gentes no dejaron de adivinar que Sir Roger Charles [Tichborne] era blanco de un complot abominable de los jesuitas». Y las «buenas gentes» (¿las familias Lafinur y Borges?) no dejaron de adivinar la existencia de un complot jesuítico. En este cuento Borges dice "Sociedad" y no "Compañía". Los sacerdotes de esa Orden llevan la inscripción S.J. junto a su nombre, que significa Sociedad de Jesús (en latín eclesiástico *Societas Jesus*); en latín corresponde en realidad *Societas Iesu*, abreviado S.I., aunque se ha impuesto la primera versión originada en la neovulgata, deformación del latín previa a los idiomas nacionales romances.

En "Las Kenningar" (de "Historia de la Eternidad") regresa al tema jesuítico, mencionando al español «Baltasar Gracián y Morales, de la Sociedad de Jesús". Aquí el nombre de la Orden aparece expresado en su integridad.

Una alusión adicional a los jesuitas apareció en "Crónica de las letras españolas: tres nuevos libros", del año 1919, en la revista *La Feuille*, de Ginebra. «El jesuita Ruiz Amado, autor de una historia universal ad usum scholarum en la que declara que "el primer capítulo del Génesis está de perfecto acuerdo con los descubrimientos científicos" y en la que alaba los beneficios de la Inquisición en España, acaba de publicar una Apología de la cristiandad. En este libro se intenta atraer a la Iglesia a los libertinos y a las almas pervertidas por los argumentos de Voltaire. Es curioso constatar que en un país donde sólo los eruditos conocen el Diccionario Filosófico, el pobre Arouet siga siendo el espantapájaros, la bestia negra de los piadosos». (BORGES 1997) Voltaire era el pseudónimo de François-Marie Arouet.

En una entrevista concedida al colombiano Harold Alvarado Tenorio, Borges ratificó su preocupación ética: «He tratado de ser un hombre ético, aunque quizá sea imposible serlo en esta sociedad en la que nos ha tocado vivir, ya que todos somos cómplices o víctimas, o ambas cosas. Sin embargo, creo en la ética. La ética puede salvarnos personal y colectivamente también. Yo, como usted, seguramente, estoy en un estado de resignada desesperación. No veo solución a los problemas que nos aquejan. Y no me refiero sólo a nuestro país, porque lo que aquí sucede es, sin duda, menos importante que lo que ocurre en el mundo entero. Creo que Spengler tenía razón cuando habló de la declinación de Occidente. Esa declinación es general». (ALVARADO TENORIO)

VIDA Y SUEÑO

«No has despertado a la vigilia, sino a un sueño anterior. Ese sueño está dentro de otro, y así hasta lo infinito... El camino que habrás de desandar es interminable y morirás antes de haber despertado realmente». La vida es sueño y así lo narra Borges en "La escritura del Dios". Y él, autodefinido como idealista, ratifica: «Según la doctrina idealista, los verbos *vivir* y *soñar* son rigurosamente sinónimos; de miles de apariencias pasaré a una; de un sueño muy complejo a un sueño muy simple».

La vida fue reiteradamente descrita en la literatura, en la filosofía y hasta en el psicoanálisis como un sueño (o como un teatro, que es lo más parecido a un sueño, ya que ambas son formas de ficción que por cierto tiempo vivimos como reales). Borges exaltaba la idea del individuo, piedra angular de su interpretación de la ética; pero filosóficamente se identificaba, sobre todo, con Schopenhauer, de quien había leído en su juventud "El mundo como voluntad y representación", y a cuya concepción de que *la esencia de la vida es de naturaleza onírica*, había adherido desde entonces.

«Si el mundo es el sueño de Alguien, si hay Alguien que ahora está soñándonos y que sueña la historia del universo, como es doctrina de la escuela idealista, la aniquilación de las religiones y de las artes, el incendio general de las bibliotecas, no importa mucho más que la destrucción de los muebles de un sueño. La mente que una vez los soñó volverá a soñarlos; mientras la mente siga soñando, nada se habrá perdido». En su cuento "la otra muerte" (incluido en "El Aleph", 1949), Borges va aún más lejos en su concepción idealista: «Ya los griegos sabían que somos la sombra de un sueño», es decir que no somos siquiera un sueño, sino la sombra que éste proyecta. El concepto de sombra como parte del ser es una concepción muy significativa en la obra de Jung: la sombra es el lado oculto de la naturaleza humana, al cual desterramos las cualidades que no se adecuan a nuestra imagen ideal, aquella en la cual nos formó nuestra familia y nuestra sociedad, de modo que el yo (*self* en la terminología de Jung) y la sombra se van edificando simultáneamente, alimentándose, por así decirlo, de la misma experiencia vital. Somos aquello en lo cual nosotros mismos nos hemos ido transformando. Nuestra sombra es el no-yo, que es nuestro propio yo, porque lo integra en su esencia.

En "El sueño de Coleridge", Borges refiere sueños que fueron base de obras literarias y otros que a través de los siglos se complementan: «Acaso un arquetipo no revelado aún a los hombres, un objeto eterno (para usar la nomenclatura de Whitehead), esté ingresando paulatinamente en el mundo». Los sueños y las obras que generan no han tocado a su fin, es algo que, por motivos no conocidos, se prolonga en el tiempo, a través de sucesivas generaciones. Según Jung todos soñamos lo mismo (las mismas *estructuras*) y el inconsciente colectivo precede al individual, en un sentido histórico, alquímico, genealógico y arqueológico. Jung llegó a este concepto gracias al estudio de los sueños en poblaciones muy diferentes de distintos lugares del mundo. Jung fue leído por Borges, quien lo elogió: «El suizo Jung, en encantadores y, sin duda, exactos volúmenes, equipara las invenciones literarias a las invenciones oníricas, la literatura a los sueños».

En el poema "Descartes" Borges regresa al sueño que es la vida: «Quizá no tuve ayer, quizá no he nacido. / Acaso sueño haber soñado». (BORGES, 1981) Una vez más, *ser* es *ser soñado*. Al final de la "Primera meditación", Descartes concluye que hay que considerar de manera escéptica la percepción a través de los sentidos, que cada percepción puede en efecto ser falsa. En su argumento del sueño dirá que incluso las mejores percepciones no ofrecen certezas. Borges ratifica a Descartes: las percepciones pueden engañarnos.

En "Hawthorne" Borges dice que «los sueños tienen su álgebra singular y secreta, y en [su] ambiguo territorio una cosa puede ser muchas». Idealista por sobre todo, sostiene que no sabemos si el universo pertenece al género realista o al fantástico porque si todo es sueño, lo que llamamos realidad es de esencia onírica. ¿Percibimos la "realidad"?

* No sabemos si existe la realidad. No sabemos si la hemos percibido, o si nos hacemos la ilusión de haberla percibido. Si algo es real para la *emoción*, entonces es real. No hay otro modo de medir la realidad de las cosas que por nuestra emoción ante ellas. Borges no se refiere a la percepción sino al sentimiento que algo nos provoca

* En cambio, la invención literaria es un *trabajo de la memoria*, y los sueños son *fábulas urdidas con la memoria*.

Platón, en su diálogo "Teeteto", había mencionado el argumento del sueño en relación al saber en tanto percepción; los griegos tenían el dios del dormir, Hipnos (hijo de Nix, la noche) y entre sus hijos, Morfeo (quien vivía en una cueva y daba formas humanas a los sueños penetrando en ellos), Fantaso (quien provocaba fantasías benévolas) y Fobetor (portador de pesadillas); Bes era la deidad protectora de los sueños para los egipcios, alejando los genios malignos; entre los hindúes la diosa Parvati personifica la ilusión de la realidad. Para la tradición árabe y persa, la obra "Las mil y una noches" es muy emblemática en cuanto al tema de los sueños, y de la representación de la realidad en tanto juego de espejos. Dante Alighieri trató el tema de los sueños como alternativa al pensamiento racional en "La divina comedia". (KCENICH, 2019)

El vínculo sueño-vida está presente en el español Calderón de la Barca, autor de la obra teatral "La vida es sueño", algunos de cuyos versos dicen: «¿Qué es la vida? Un frenesí. ¿Qué es la vida? Una ilusión, una sombra, una ficción; y el mayor bien es pequeño; que toda la vida es sueño, y los sueños, sueños son».

Borges y Calderón de la Barca narraron la vida como un sueño. Shakespeare y Jung la describieron como un teatro. Dijo Carl Jung que todo en la creación es esencialmente subjetivo y el sueño es un teatro donde el soñador es a la vez escenario, actor, gerente, autor, público y crítico. En su obra "Como gustéis" Shakespeare utiliza estos términos: «Todo el mundo es una escena / sobre la cual hombres y mujeres son pequeños actores / que vienen y van. Un hombre / Ha de hacer muchos papeles en la vida.»

En Macbeth escribió: «Sombra ambulante es esta vida, mísero actor que en el escenario se afana y pavonea un momento y al cabo, para siempre, calla su voz. Relato de un idiota, lleno de ruido y furia, que nada significa».

Borges señala que Luis de Góngora también asimiló los sueños a una función de teatro en "Varia imaginación": «El sueño, autor de representaciones, / en su teatro sobre el viento armado, / sombras suele vestir de bulto bello.» Y recuerda que Allison, en el siglo XVIII, escribió que cuando soñamos, somos, a la vez, el teatro, los actores, la pieza y el autor. «Si el hecho de soñar fuera una suerte de creación dramática, resultaría que el sueño es el más antiguo de los géneros literarios… Es decir, que, de noche, todos somos dramaturgos de algún modo». (BORGES – FERRARI, 2023) Como conclusión de estas citas, podríamos afirmar que Borges diferencia claramente que el soñar es una ficción, a la cual en este caso propone como literaria.

Pero entonces, ¿qué somos individualmente cada uno de nosotros para Borges? Si *algo* somos, ese algo es nuestro pasado. Y nuestro pasado es nuestra memoria, que puede ser latente o errónea, pero ahí está. Nuestra memoria puede mentir, pero esa mentira ya es parte de nuestra memoria, de nuestro pasado, es parte de nosotros porque ontológicamente la memoria nos define.

«¿Cómo puedes estar seguro de que la vida entera no es sueño?». La pregunta la formuló René Descartes, y esta es su respuesta: «Cuando reflexiono omnipotente, detenidamente sobre esto, no encuentro ni un solo criterio para distinguir la vigilia del sueño». Aunque hoy día las neurociencias tienen una respuesta científica ante la misma pregunta, muchos filósofos y escritores efectivamente no la encuentran porque se ubican en el dualismo *cuerpo-alma*, es decir materia, por un lado, y "aliento vital" o espíritu o alma, por el otro. Carl Jung no diferenciaba entre sueño y vigilia; para él también hemos sido soñados, y soñamos lo que nos ha soñado, porque soñado y vivenciado (sueño y vigilia) se espejan, constituyen una conjunción y no una oposición.

En cierto sentido, no necesariamente metafísico, el hombre siempre «sueña» también en vigilia, porque crea escenarios futuros, caminos alternativos, desafíos ante lo desconocido. Desde tiempos inmemoriales sueña ser omnisapiente, omnipotente e inmortal. Los desarrollos en el campo de la cibernética, los avances científicos en la concepción de seres vivos por nuevos métodos (entre ellos, la génesis animal con células de la piel, sin coito ni participación alguna de óvulos ni espermatozoides, ya lograda en laboratorios), las nuevas perspectivas de la física y el avance de la llamada "inteligencia artificial" nos han colocado ante las puertas del dominio de la creación por parte del hombre. La idea de crear un "hombre nuevo" trae a la memoria a un filósofo francés, Julien Offray de la Mettrie (1709-1751), quien concebía al ser humano como una máquina.

El posthumanismo, como filosofía y como corriente de opinión contemporáneas, tratan de lograr, a través de la ciencia y la tecnología, la creación de un nuevo ser. En su cuento "Las ruinas circulares", Borges describe a un personaje que desea soñar (léase *crear*) otro ser hecho a su imagen y semejanza, tal como lo describe la Biblia, «quería soñar un hombre: quería soñarlo con integridad minuciosa e imponerlo a la realidad… Lo soñó activo, caluroso, secreto, del grandor de un puño cerrado, color granate en la penumbra de un cuerpo humano aun sin cara ni sexo; con minucioso amor lo soñó, durante catorce lúcidas noches. Cada noche, lo percibía con mayor evidencia. No lo tocaba: se limitaba a atestiguarlo, a observarlo, tal vez a corregirlo con la mirada. Lo percibía, lo vivía, desde muchas distancias y muchos ángulos. La noche catorcena rozó la arteria pulmonar con el índice y luego todo el corazón, desde afuera y adentro. El examen lo satisfizo. Deliberadamente no soñó durante una noche: luego retomó el corazón, invocó el nombre de un planeta y emprendió la visión de otro de los órganos principales. Antes de un año llegó al esqueleto, a los párpados. El pelo innumerable fue tal vez la tarea más difícil. Soñó un hombre íntegro, un mancebo…» Pasado cierto tiempo el hombre escuchó cuentos de viajeros sobre un mago que podía caminar en el fuego sin quemarse. Supo que hablaban de su hijo, *el que él había soñado (creado) e impuesto a la realidad*, y temió que se descubriera que era un sueño. De pronto un incendio forestal abrasó la selva y advirtió que las llaman no lo quemaban, que él mismo era invulnerable al fuego. «Con alivio, con humillación, con terror, comprendió que él también era una apariencia, que otro estaba soñándolo». El personaje del cuento construyó su Adán en medio de sucesos increíbles, tan solo a través de la mirada y de la imaginación. Este cuento puede ser interpretado como una teología cosmogónica (el "mago" es Dios o uno de sus intermediarios) que explica el origen de la civilización humana. Todos somos un sueño soñado por otros. Dios nos soñó y todos seguimos siendo su sueño. Pero quizá Alguien soñó a Dios.

El personaje de este cuento borgeano "crea" un hijo que es un sueño y comprueba luego que él mismo es un sueño. ¡La vida es sueño! Borges creía que esta afirmación es estrictamente real, pero se plantea que si hay un *sueño* hay un *soñador*. La vida sería un sueño soñado por un soñador. Por lo tanto, no habría Dios, pero el sueño que cada uno de nosotros sueña es Dios. Dios es todos pero Dios es nadie.

Además, Borges se refiere a la improbable hazaña de imponerse a la naturaleza, y a la reiterada aspiración del ser humano de convertirse en Creador. De modo que la idea de crear un ser también podría haber existido antes, existe ahora y volverá a existir. Y por las referencias a lo cíclico, lo circular y la múltiple bifurcación se podría deducir que todo está siempre en constante movimiento de creación.

Borges plantea en su cuento el eterno retorno como un eterno renacer, como un ciclo interminable de creación, es decir el tiempo circular que siempre se renueva. Escribió la autora Muralles: «Si la libertad y la autonomía son características indispensables del ser humano; el depender del sueño de otro, convierten al Soñado, inmediatamente, en un ser subordinado, indigno de pertenecer a la categoría humana. Sin embargo, pese a su naturaleza mimética, el sujeto soñado tiene características humanas... El soñado entonces no solamente podría ser un hombre, podría ser un superhombre, en el sentido del Superhombre nietzscheano». (MURALLES 2006) Opino que el superhombre nietzscheano estaba muy lejos del pensamiento de Borges, del mismo modo que lo estuvo todo nacionalismo y en especial el nazismo.

Afianzada en el discurso de varios filósofos contemporáneos, la idea de la creación de un "nuevo" hombre *posthumano* es una visión futurista fundamentada en el avance sostenido y acelerado de la tecnología.

Desde que los homínidos se humanizaron, es decir se convirtieron en *ser para sí*, desarrollando el lenguaje, el dominio del fuego, el culto a los muertos, múltiples relaciones sociales, herramientas más complejas, la agricultura y los metales, y muchos otros desarrollos que nos caracterizan, nuestra especie comenzó a hacerse las grandes preguntas ontológicas: ¿De dónde venimos?, ¿Por y para qué existimos?, ¿Adónde vamos?, ¿Qué es la vida y qué es la muerte? Umberto Eco lo narró de este modo: "El iluminista sabe que el hombre tiene cinco necesidades fundamentales (en este momento no consigo encontrar otras): la alimentación, el sueño, el afecto (que incluye el sexo, aunque también la necesidad de vincularse al menos a un animal doméstico), el juego (o hacer algo por el puro placer de hacerlo) y el preguntarse por qué. Las he puesto por orden de irrenunciabilidad decreciente, pero es cierto que el niño, tras haber mamado, dormido, jugado y aprendido a identificar a papá y a mamá, en cuanto crece pregunta el porqué de todo. Las primeras cuatro necesidades las compartimos también con los animales, la quinta es típicamente humana y exige el ejercicio del lenguaje". (ECO 2001)

Los mitos y las religiones (si es que son en algo diferentes) consistieron en el primer mecanismo de búsqueda de respuestas. Para la tradición judeocristiana todo fue creado por un Dios único. Lo explica el libro del *Génesis*: "Formó, pues, Jehová Dios al hombre del polvo de la tierra y sopló en su nariz el aliento de vida; y fue el hombre alma viviente... Y Jehová Dios hizo caer un sueño profundo sobre Adán, y este se quedó dormido. Entonces tomó una de sus costillas y cerró la carne en su lugar; y de la costilla que Jehová Dios tomó del hombre, hizo una mujer y la trajo al hombre". El hombre fue creado con barro. Borges narra que el mago del zoroastrismo besó el fango antes de crear a su hijo. Para el judaísmo, el cristianismo y el islam Dios creó al hombre con barro. Estas cuatro religiones admiten la existencia de un único Dios.

Todas las creencias religiosas necesitan crear un mito fundante y pregnante a partir del cual tratan de explicar el pasado y dotar de sentido ontológico al hombre, tanto a su vida como a la muerte. Con respecto a las creencias religiosas hay tres posibilidades: se cree en ellas, se las pone en duda o se las niega. Jamás se las podría demostrar.

Existe un mito en la tradición judaica que se refiere a un ser (o no ser) llamado Golem. Así como Dios creó el universo a partir de veintidós letras, los hombres podrían repetir el acto creador en caso de que conociesen las combinaciones adecuadas. Ben Sira y su padre Jeremiah se dedicaron a ello y al cabo de tres años crearon, con barro, un hombre que tenía escrita en la frente, al igual que Adán, la palabra *emeth* (verdad). El Golem fabricado no tenía objetivo práctico alguno y fue inmediatamente destruido. La tradición fue modificada a través del tiempo, pero su esencia es la misma. El Golem era un ser mudo, pues simbólicamente la cualidad mágica de la palabra es la que lo trajo a la vida y si pudiese hablar también tendría la posibilidad de crear otros golems. Anticipemos aquí a Borges: el lenguaje es irracional y mágico. La leyenda del Golem señala, según la visión del judaísmo, la soberbia del hombre al pretender emular a Dios, y los peligros que supone la existencia de una raza de seres no creados directamente por la divinidad. «Una de las leyendas más curiosas de la cábala... [es la] del golem, que inspiró la famosa novela de Meyrink que me inspiró un poema. Dios toma un terrón de tierra (Adán quiere decir tierra roja), le insufla vida y crea a Adán, que para los cabalistas sería el primer golem. Ha sido creado por la palabra divina, por un soplo de vida; y como en la cábala se dice que el nombre de Dios es todo el Pentateuco, salvo que están barajadas las letras, así, si alguien poseyere el nombre de Dios o si alguien llegara al Tetragrámaton —el nombre de cuatro letras de Dios— y supiera pronunciarlo correctamente, podría crear un mundo y podría crear un golem también, un hombre». (BORGES 2019)

Gershom Scholem, estudioso de la cábala, se ha referido ampliamente al mito del "Golem", que significa materia amorfa o trozo de tierra informe. Por inferencia podría ser interpretado como embrión. En la Biblia aparece una sola vez y de aquí tuvo origen el uso talmúdico del término: algo informe e imperfecto. El mismo Adán, cuando aún no había sido concebido por el soplo divino, es decir que aún no había sido "creado" el ser humano, aparece llamado *golem* en un paso del Talmud. Todavía no era la Verdad. Dijo Borges: «El primer texto en prosa en alemán que leí fue la novela "Der Golem" de Meyrink, que es muy curioso: "de sueños, de sueños adentro de los sueños y así infinitamente". Y por aquella época también me sentí atraído por la Cábala y quizás fue esa atracción que me llevó al estudio de las obras de Buber, Bischof, Serouya, y luego de Scholem, a quien conocí personalmente en Jerusalén» (BORGES 2019)

Borges ha dedicado un hermoso poema al Golem, en el cual menciona a Scholem. En una parte del poema Borges dice con respecto a la imperfección de esa materia amorfa:

> «*El rabí le explicaba el universo*
> *"Esto es mi pie; esto el tuyo; esto la soga."*
> *Y logró, al cabo de años, que el perverso*
> *Barriera bien o mal la sinagoga.*»

El gran problema era la falta de lenguaje del Golem, el cual desde un punto de vista religioso es consecuencia del soplo divino y nos hace humanos. Cierto es que sin lenguaje no hay pensamiento ni pueden ser llevadas a cabo las actividades intelectuales superiores que caracterizan al ser humano. Recordemos: el golem creado no habla, *ergo* no piensa. Entonces el soñador pide al Dios del Fuego que su soñado "hijo" pueda hablar.

Con su habitual ironía, Borges dijo que nunca había comprendido que "Las ruinas circulares" (1940) y "El Golem" (1958) son variaciones de un mismo tema. Y que tuvo esa revelación (así la denominó) cuando una muchacha se lo comentó en Lubbock, ciudad del Estado de Texas. Aclara en el Prólogo a "El otro, el mismo" que «el soñador soñado está en una, la relación de la divinidad con el hombre y acaso la del poeta con la obra, en la que después redacté».

En el cuento "Las ruinas circulares" Borges narra que en la "unánime noche" (¿el principio de los tiempos?) un hombre sueña que crea un hijo y lo modela pacientemente. Cuando ya parece estar completo y lo educa según las instrucciones que recibe de Dios, el hijo parte de viaje y, con el tiempo, padre e hijo enfrentan incendios que no los abrasan: ¿son eternos o son fantasmas que los demás ven como humanos? Son el fruto de sueños soñados por un soñador. En un momento del cuento Borges reflexiona acerca del contenido de los sueños y su intento de modelarlos (¿comprenderlos?): «El empeño de modelar la materia incoherente y vertiginosa de que se componen los sueños es el más arduo que puede acometer un varón, aunque penetre todos los enigmas del orden superior y del inferior: mucho más arduo que tejer una cuerda de arena o que amonedar el viento sin cara». Son un enigma, del mismo modo que la vida es un enigma. Y Dios es un sueño que sueña a los humanos, pero lo contrario también es cierto.

Entre los aspectos místicos de este cuento debe ser señalados varios aspectos: se desarrolla en un recinto circular que alguna vez fue un *templo* devorado por los fuegos, *profanado* por la selva palúdica; el protagonista *besó* el fango, buscó y encontró un *nicho sepulcral,* se *purificó* en las aguas del río, *consagrado* a la única tarea de dormir y soñar, buscaba un *alma* que mereciera participar en el universo, el arroz y los frutos eran el *tributo* traído por los leñadores, su hijo debe concurrir luego a otro *templo* despedazado constituido por pirámides. Este cuento describe un mito religioso con todos los requisitos para ser considerado tal, según los cánones de Levi-Strauss, y como lo afirma también el chileno Iván Tapia Saavedra al analizar lo mítico y su relación con lo fantástico en la obra de Borges. (TAPIA SAAVEDRA 2013)

Otra alegoría que puede ser interpretada en el cuento que comentamos es la del Espíritu Santo. Según la Iglesia católica, aquel emana tanto de Dios como de su hijo Jesús. No es así en las iglesias ortodoxas, que sólo reconocen que emana de Dios. El mago que crea a su hijo en un templo casi destruido descubre que ese hijo tiene su mismo poder frente al fuego destructor, es decir que de ambos emanaría un espíritu divino.

Con referencia al cuento "Las ruinas circulares", María Rebeca Muralles, escribió: «Para el Homo Deus, el eterno retorno es una incesante posibilidad de crear». En efecto, Borges gustaba de citar a Bernard Shaw: "God is in the making". La creación es infinita, un *continuum*, y al mismo tiempo infinitesimal: todo el universo cabía en el Aleph, esfera de unos 2 ó 3 centímetros de diámetro. Hamlet dice que podría caber en la cáscara de una nuez: "Oh, Dios mío, yo podría estar encerrado en la cáscara de una nuez y sentirme rey del infinito espacio… de no ser porque tengo malos sueños".

Así como Nietzsche recurrió al profeta Zaratustra, Borges ubicó su cuento -y no por casualidad- en lo que fue la antigua Persia, lo cual se deduce porque se menciona al idioma *zend*. Esta sería una lengua primigenia, que incluía sonidos todavía en parte utilizados por el hombre contemporáneo. Se considera que el zend fue utilizado para escribir y comentar textos sagrados como *Avesta*, perteneciente a la religión zoroastriana, de la cual Zaratustra habría sido profeta y quizá creador. Otros factores demuestran que efectivamente se trata del zoroastrismo: el templo contuvo fuego en su interior (símbolo de la luz y ante el cual se meditaba en los Templos del Fuego de esta religión), el personaje es un mago (nombre que daban a sus sacerdotes) y hay nichos sepulcrales (porque los practicantes de esta religión colocaban a sus muertos en "nichos", que eran construcciones abiertas para que las aves pudiesen comer el cadáver, y de tal modo el alma se liberara para llegar al cielo). Al usar la palabra *mago* Borges muestra una vez más la búsqueda etimológica de la palabra precisa: mago proviene del persa antiguo *(magi)* y era el nombre de los sacerdotes del zoroastrismo. Todo transcurre en las cercanías o el interior del Templo de Fuego (cada sitio de oración del zoroastrismo estaba constituido por un templo que lleva ese nombre y existe fuego en su interior). El Templo es también mencionado por Borges en el cuento "El Zahir", adjudicando la mención a un poeta persa, pero explica que la creencia en el Zahir es islámica y data del siglo XVIII, creando así una síncresis entre religiones tan remotas en el tiempo entre sí. Para el zoroastrismo existe un solo Dios que es todo bondad, que tiene un oponente que es todo maldad (que luego fueron Dios y Demonio en el cristianismo); el ser humano goza de libre albedrío y puede elegir la bondad o la maldad. Fue, por lo que sabemos hasta hoy, la primera religión monoteísta que se conoce, nació en Persia y por un tiempo fue allí la religión oficial. El mago *piensa* a un hombre y lo construye con su pensamiento (con sus dedos va corrigiéndolo). El pensar produce lo deseado (lo mismo sucede en Tlön). Ese Dios mago crea, a su imagen y semejanza, cuando recibe la inspiración, a otro ser, a quien llama hijo; cada uno de ellos parece un Homo pero es un Dios. Y para lograrlo el mago necesita la ayuda de otro Dios. Borges crea, con el empleo de su pensamiento, a los *Homodeus*, del mismo modo que crea sus cuentos: cuando *recibe* la inspiración necesaria. Esa es la visión cosmogónica que pregona: unidad cósmica y una fuerza invisible que todo lo une.

Borges y Nietzsche en un solo cuento. Es interesante cómo opinaba Borges acerca del segundo: «fracasó singularmente con Zaratustra… Parece tan acartonado y tan viejo». (BORGES 2023) Fracasó Nietzsche, no Zaratustra. Sin embargo, Foucault leía a Borges y veía en él un discípulo cimarrón y malevo de Nietzsche. El Zaratustra nietzscheano asume la muerte de Dios como aniquilación del cristianismo y la instauración de una etapa antropocéntrica, y parece resultar cierto que, al menos hasta ahora, esa idea casi profética ha fracasado. Borges en cambio adopta una actitud mística, aunque asegura que descree de la existencia de Dios, al menos como persona. "Las ruinas circulares" pareciera ser una respuesta a Nietzsche, quien «combatía al cristianismo porque pensaba que era una religión de esclavos, que el perdón corresponde a la cobardía… Nietzsche condenaba como podría condenarlo un pagano». (BORGES 2023) La esencia de la respuesta borgeana es que Dios es un sueño que soñamos y nos sueña. En tono irónico, en un capítulo de la "Historia de la Eternidad", Borges modifica y reemplaza el apellido: Friedrich Zarathustra, en lugar de Nietzsche.

Zaratustra (o su religión) aparece subrepticiamente en el cuento "Tlön, Uqbar, Orbis Tertius". La ficticia enciclopedia de ese lugar menciona al impostor Esmerdis y éste es el único nombre histórico incluido en el cuento. Ese impostor fue un mago-sacerdote que supo que el pueblo ignoraba que había muerto el verdadero Esmerdis (heredero al trono vacante de Persia por fallecimiento de su padre, Ciro el Grande, en el año 530 a.C.). Sacó provecho de la situación y ocupó su lugar para gobernar, hasta que el engaño fue descubierto. El auténtico Esmerdis falleció en el 523 a.C., Zaratustra en el 551 a.C. La dinastía aqueménida fue creada por Ciro el Grande, el zoroastrismo por Zaratustra. Cada uno de los mencionados en este párrafo fueron probablemente contemporáneos en algún momento de sus vidas, al menos de uno o dos de ellos. El zoroastrismo se convirtió en la religión oficial de la antigua Persia desde el siglo VI a.C. y tuvo su propio calendario, hasta que fue modificado por Omar Khayyam, defensor de la cultura y filosofía persa arcaica, zoroastriana, mazdeísta y maniquea.

Hasta aquí se trata de la creación de la vida. Pero a la vida sigue necesariamente la muerte. ¿Para qué quisiéramos ser inmortales? En «El inmortal», el narrador-protagonista encuentra a trogloditas de comportamientos extraños, que viven en una ciudad de absurda arquitectura imposible, y logra iniciar cierto tipo de vínculo (también extraño) con uno de los trogloditas, que lo sigue a todas partes. Cuando inesperadamente al personaje se le ocurre preguntarle si sabe algo acerca de la "Odisea", aparece la clave de la identidad del troglodita: sí supo de ella, pero casi no lo recuerda, porque hace cien mil años que la escribió. El troglodita es Homero convertido en un horroroso ser eterno. Esto es mucho peor que sabernos mortales, porque la inmortalidad es la degradación y corrupción en vida. «Desde que Horacio, con imagen platónica o pitagórica, predijo su celeste metamorfosis, es clásico en las letras el tema de la inmortalidad del poeta. Quienes lo frecuentaron, lo hicieron en función de la vanagloria (Not marble, not the gilded monuments), cuando no del soborno y de la venganza». (BORGES, 1932)

La palabra y el nombre de Dios

La conexión cósmica, recurrente en Borges, aparece descripta en "El Aleph", cuento en el cual el mismo Borges es uno de los personajes. Invitado a conocer el Aleph (de dos o tres centímetros de diámetro), Borges vio que en su pequeño tamaño todo el espacio cósmico estaba ahí y cada cosa era infinitas cosas porque él las veía desde todos los puntos del universo. Un Aleph sería un punto del espacio en el cual están todos los puntos. Explica el autor-personaje que Aleph es la primera letra del alfabeto de la lengua sagrada; para la Cábala significa el *En Soph*, ilimitada y pura divinidad, bajo la forma de un hombre que señala el cielo y la Tierra, para indicar que el mundo inferior es el espejo y es el mapa del superior; para la *Mengenlehre*[1] es el símbolo de los números transfinitos, en los que el todo no es mayor que alguna de las partes. "En ese instante gigantesco, he visto millones de actos deleitables o atroces; ninguno me asombró como el hecho de que todos ocuparan el mismo punto, sin superposición y sin transparencia". Me permito destacar: "el mundo inferior es el espejo y es el mapa del superior". La conciencia sería entonces parte o espejo de una unidad cósmica. El matemático francés Víctor Laplace sostuvo que si una forma inteligente pudiese conocer la situación de todas las partículas de materia en un momento dado, "no habría nada inseguro, y tanto el futuro como el pasado estarían abiertos ante ella". En otras palabras, esto es el

---

[1] Mengenlehre es la teoría de los conjuntos infinitos elaborada por el matemático alemán Georg Cantor. Refuta el axioma aristotélico que define al todo como la suma de sus componentes, pues supone que el todo no es mayor que alguna de las partes.

Aleph: el conocimiento de la situación de todas las partículas de materia del Universo en un momento dado.

En cierto sentido ese conocimiento es aterrador, se acerca al concepto mitológico del árbol del Bien y el Mal del paraíso bíblico, simboliza el conocimiento en su totalidad, y este sólo es accesible a las deidades. Porque «vi el Aleph, desde todos los puntos, vi en el Aleph la tierra y en la tierra otra vez el Aleph y en el Aleph la tierra, vi mi cara y mis vísceras, vi tu cara, y sentí vértigo y lloré». En "El Aleph" «todo lenguaje es un alfabeto de símbolos cuyo ejercicio presupone un pasado que los interlocutores comparten; ¿cómo transmitir a los otros el infinito Aleph, que mi temerosa memoria apenas abarca? (...) Por lo demás, el problema central es irresoluble: la enumeración, siquiera parcial, de un conjunto infinito». El relato que hace Borges es necesariamente discursivo, largamente enumerativo; pero los ojos vieron la simultánea unicidad absoluta, el cosmos con todos sus elementos superpuestos pero no transparentes, a todos y cada uno desde todos los ángulos posibles, vieron el orden cósmico infinito y al unísono. Dijo Borges en una entrevista: «Yo recuerdo una frase de Blake: "El tiempo es un don de la eternidad"... Es decir, nos permiten sentir y vivir sucesivamente; porque si nos mostraran la eternidad, es decir, todo a un tiempo, nos matarían, quedaríamos abrumados». (BORGES CARRIZO, 1982) Que todo lenguaje es un alfabeto de símbolos se corresponde con la filosofía del lenguaje que Borges estudió y aplicó minuciosamente, como luego se verá.

St. Armand también encuentra un vínculo entre el cuento "El Aleph" y el conocimiento divino. Lo expresa en estas palabras que, simultáneamente, pueden describir toda la obra de Borges: «Para Borges, vivir es pensar; pensar es plantear enigmas; plantear enigmas es crear ficciones; crear ficciones es deleitar a uno mismo y a otros. No existe algo más mortal (léase "aburrido") que un enigma resuelto, una paradoja que estalla, un laberinto penetrado, un código descifrado. Así el desciframiento instantáneo de la realidad, por medio del Aleph, es equivalente tanto al deicidio como al suicidio». (SAINT AR-MAND 1980)

"El Aleph" menciona a un persa que habla de un pájaro que es todos los pájaros, a Alanus de Insulis, teólogo católico francés del siglo XII, quien mencionó «una esfera cuyo centro está en todas partes y la circunferencia en ninguna» y al Profeta judío Ezequiel, quien percibió el tetramorfos, que consiste en cuatro seres vivientes tirando de un carro celestial, cuyas sus caras miran al Oriente y al Occidente, al Norte y al Sur. Para mayor claridad, Borges escribe: «No en vano rememoro esas inconcebibles analogías; alguna relación tienen con el Aleph». «El tema de La esfera de Pascal es el infinito. Porque Pascal tomó aquella metáfora que se había aplicado siempre a Dios -creo que en Parménides ya está: aquella esfera cuyo centro está en todas partes y cuya circunferencia en ninguna y la aplica -desde luego lo degrada un poco- al espacio infinito». (BORGES - CARRIZO 1982)

En "La Biblioteca de Babel" Borges amplía el concepto: «La Biblioteca es una esfera cuyo centro cabal es cualquier hexágono, cuya circunferencia es inaccesible». Aquí la Biblioteca es el universo, el cosmos. El hexágono es una figura con múltiples connotaciones religiosas y científicas. En simbología, el hexágono representa el perpetuo movimiento de la creación y en la creencia de las «geometrías sagradas» existe la creencia de que el hexágono representa la armonía de los opuestos.

En química cada punta del hexágono es un átomo de carbono y no es necesario identificarlo por su símbolo. Constituye la estructura fundamental de todo ser viviente, porque las cuatro bases que constituyen el ADN (es decir A, T, G, C) tienen forma hexagonal. En química orgánica el hexágono es la forma constitutiva de numerosos compuestos, como el benceno, y de allí derivan muchos otros, por ejemplo los lípidos, entre ellos el colesterol, y las hormonas sexuales. Numerosos medicamentos también poseen estructura de hexágono. Forma parte también de la estructura de neurotransmisores como adrenalina, noradrenalina, serotonina, dopamina y muchos antidepresivos. Las abejas construyen sus colmenas en forma de celdas hexagonales, con lo cual logran una estructura tan eficiente que ese diseño es utilizado en ingeniería y en nanomateriales; las abejas eran sagradas en Egipto y constituyen un símbolo masónico. Los copos de nieve también tienen forma hexagonal.

El judaísmo y la teosofía, entre otros, han dado significado místico tanto al número 6 (no olvidemos el sistema sexagesimal) como al hexágono. El sábado (sexto día de la semana) es sagrado para los judíos. La Estrella de David formada por dos triángulos (en total seis puntas) es un símbolo identitario del judaísmo, y está incluida en la bandera de Israel. También fue adoptada por parte de la cultura árabe, aunque la llamaron estrella de Salomón, y es además símbolo del movimiento teosófico.

La estrella tiene particularidades especiales: puede ser formada con seis de las diagonales que se pueden trazar en un hexágono o bien por superposición de dos triángulos equiláteros, cuya intersección forma el hexágono regular. La designación técnica de la estrella de David es hexagrama. En este tipo de estrella un triángulo mira hacia abajo y otro hacia arriba. Recordemos que Borges ha citado reiteradamente a Trismegisto, a quien se ha señalado como contemporáneo de Abraham o como el maestro de Moisés. Según Platón, Trismegisto descubrió los números, la geometría, la astronomía y las letras. Este místico escribió: «Lo que está de abajo es como lo que está arriba, y lo que está arriba es como lo que está abajo, para realizar el milagro de la Cosa Única. Y así como todas las cosas provinieron del Uno, por mediación del Uno, así todas las cosas nacieron de esta Única Cosa, por adaptación. Su padre es el Sol, su madre la Luna, el Viento lo llevó en su vientre, la Tierra fue su nodriza. El Padre de toda la Perfección de todo el Mundo está aquí». Sol, luna, viento y tierra son cuatro elementos y pueden ser vistos también como el nombre de Dios.

De modo tal que la estrella formada por dos triángulos que se construyen con las diagonales de un hexágono mira lo que está abajo (que es como lo que está arriba), y lo que está arriba (que es como lo que está abajo): cielo y tierra, Dios y Hombre, Cielo y Naturaleza. El hexágono de la biblioteca tiene entonces múltiples connotaciones místicas.

En "El Aleph" la casa en la cual éste se encuentra es propiedad de los señores Zunino y Zungri. Cuando la casa va a ser desalojada para demolerla es consultado un abogado de apellido Zunni. Surge de ese modo la oposición entre la primera letra del alfabeto sagrado (el *aleph*) y la Z de Zunino, Zungri y Zunni. El prefijo *zun* que utiliza en el apellido que identifica a los tres personajes comienza con la última letra del alfabeto actual, lo cual simboliza el final: la destrucción del Aleph. Además, el *zun* es un tipo de vasija ritual china para contener vino en ceremonias religiosas, como si fuese un jarrón, habitualmente con forma animal, tales como dragón, pájaro, buey, ganso u otros. Los *zun* incluyen la cara de un demonio, que consiste en dos cuerpos simétricos que se unen y tienen ojos saltones. Seguramente, no en vano debe haber utilizado Borges estas referencias religiosas. En todo el cuento, el cosmos y Algo o Alguien están omnipresentes. La construcción que contiene el Aleph debe ser destruida en una ceremonia mística (lo cual Borges simboliza en la demolición de la casa) porque no debe ser conocido ni difundido su secreto divino.

El concepto del conocimiento prohibido aparece en otros cuentos de Borges. Según "La escritura del Dios", un dios sólo debe decir una palabra, y en esa palabra la plenitud. El protagonista descubre finalmente que las manchas del jaguar constituyen la secreta escritura divina. «Es una fórmula de catorce palabras casuales (que parecen casuales) y me bastaría decirla en voz alta para ser todopoderoso… Cuarenta sílabas, catorce palabras… Pero yo sé que nunca diré esas palabras». (BORGES, 1974) El conocimiento tiene un límite que el hombre no debe cruzar. El mismo concepto que aparece como temor inicial y probable causa simbólica de la destrucción final en "El Aleph".

En "Etcétera", parte de la "Historia universal de la infamia", el personaje es un hombre malvado que se adueña del poder en un reino de los andaluces y exige conocer por dentro el fuerte castillo al que nadie podía acceder. Lo hace, a pesar de los consejos y advertencias que se le oponían. «En la quinta [cámara] encontraron un espejo de forma circular, obra de Solimán, hijo de David -¡sea para los dos el perdón!-... y el que se miraba en su luna veía las caras de sus padres y de sus hijos, desde el primer Adán hasta los que oirán la Trompeta... En la pared final vieron grabada una inscripción terrible. El rey la examinó y la comprendió y decía de esta suerte: "Si alguna mano abre la puerta de este castillo, los guerreros de carne que se parecen a los guerreros de metal de la entrada se adueñarán del reino"». La fortaleza fue tomada, el rey fue derrotado, vendidos sus mujeres y sus hijos y desoladas sus tierras. Había conocido el fruto prohibido, que es como decir que había pretendido acceder al Conocimiento *en sí*.

En "El espejo de tinta", parte del mismo libro, Yakub el Doliente, gobernador del Sudán, perdonó la vida a un hechicero, a cambio de que éste le mostrase formas y apariencias aún más maravillosas que las del Fanusí jiyal (la linterna mágica). En la mano derecha ahuecada del gobernador el hechicero vertió tinta. Después de una serie de magias el Doliente pudo ver en esa mano lo que él quisiera. Ese hombre pudo ver todo aquello que los hombres muertos han visto y ven los que están vivos. Tras una larga enumeración de lo que fue visto por el Doliente, éste pidió ver una muerte. Es entonces que vio la ceremonia de su propia muerte y en ese momento una espada se abatió sobre su cabeza culpable. El Doliente había llegado al conocimiento al que no debía acceder. El fruto del árbol prohibido. Pecado capital, incluso en el sentido literal de la palabra capital.

El Aleph que espanta a Borges, las manchas del jaguar, el castillo al cual ingresa el usurpador en un reino andaluz y la tinta en la mano cóncava del Doliente simbolizan el conocimiento prohibido desde el inicio de los tiempos. Borges salió presuroso del sótano de la calle Garay y la casa fue demolida, y el preso decidió callar para siempre el lenguaje descubierto; ambos salvaron su vida. El usurpador y el Doliente murieron por la ambición de quebrar la orden divina.

Es destacable que muchas veces, al referirse a Dios, Borges reemplaza el concepto por una palabra de cuatro letras, habitualmente *rosa*. Otras veces emplea *luna* (o, en inglés, *moon*). En el poema "El Golem" emplea *cuatro* palabras de *cuatro* letras, todas ellas muy significativas en el texto: Rosa / Nilo / Judá León (el rabino creador del Golem). En la tradición judía la rosa, mencionada en el Cantar de los Cantares, simboliza el amor eterno de Dios; en el cristianismo es uno de los nombres adjudicado a Jesús. La Biblia de Jerusalén, católica, no traduce como rosa sino como narciso. La Biblia de Cipriano de Valera (traducción al español utilizada por las congregaciones protestantes) sí utiliza la palabra "rosa", y es una, entre varias, de las Biblias que Borges poseía en su biblioteca, tal como menciona en "Libro de arena". (BORGES, 1975) Cipriano de Valera tradujo la Biblia en el siglo XVI, mientras era sacerdote católico, pero luego se convirtió al protestantismo. Sobre la rosa como símbolo dijo Borges: «la rosa es uno de los símbolos, digamos habituales, permanentes, de la poesía persa. Qué raro que los persas parecen haber comprendido que pueden expresar todo con muy pocos símbolos. Un poeta persa piensa -o mejor dicho, un poeta persa siente- que si le dejan la luna, el ruiseñor, la rosa, ya puede decir todo.» (BORGES - CARRIZO, 1982)

¿Cuál es entonces el verdadero nombre de Dios? Borges alude a él reiteradamente, sin mencionarlo. Existe algo significativo, que seguramente no estaba en la mente de Borges al escribir este cuento y este poema: el ADN, factor primordial para la existencia y reproducción de toda vida, contiene *cuatro* bases nitrogenadas, que se combinan de modos diferentes. y forman las dos espirales entrelazadas. Esas bases son las siguientes: Adenina, Guanina, Citosina y Timina. Se las conoce como A, G, C y T: ¡*cuatro* letras! Podríamos afirmar que *vida* es la forma de ser de la combinación hereditaria de cuatro letras, o, como señalara Marx, vida es la forma de ser de las nucleoproteínas. Pero debemos recordar que todos somos diferentes porque las letras están barajadas en todas sus combinaciones posibles y esas combinaciones se ordenan a su vez en múltiples formas. Sin embargo, es extraño que Borges hiciera frecuente uso del número cuatro en sus cuentos, porque según narró «me enseñaron en Japón que el cuatro es de mal agüero». (BORGES - FERRARI, 2023) Por lo visto, hizo caso omiso a esa superstición. ¡Pero en Tlön la numeración terminaba en cuatro!

Borges escribió una ficción en la cual recibe un Zahir (también nombre del cuento), que en Buenos Aires era una moneda de veinte centavos, en Guzerat había sido un tigre, en Java un ciego de una mezquita (que fue lapidado por los fieles), en Persia un astrolabio (que fue arrojado al fondo del mar), en las prisiones de Mahdí una pequeña brújula envuelta en un jirón de turbante, en la aljama de Córdoba una veta en el mármol de uno de los mil doscientos pilares, en la judería de Tetuán el fondo de un pozo. Recordemos que "el espíritu sopla donde quiere". Zahir, en árabe, es uno de los noventa y nueve nombres de Dios; el Zahir tiene la terrible virtud de ser inolvidable y enloquecer a la gente. Quienes lo poseen llegan a no poder pensar en otra cosa. «El Zahir es la sombra de la Rosa y la rasgadura del Velo". En la Biblia, velo (del latín *velum*, cortina) simboliza tanto la separación entre Dios y el hombre como la revelación progresiva de la verdad divina. Una vez más, se trata del conocimiento divino. Más aún, «quizá detrás de la moneda esté Dios».

FILOSOFÍA DEL LENGUAJE

Se podría considerar que todo el pensamiento filosófico de Borges se fundamenta en su concepción semiótica del lenguaje. Si se lee a Borges dejando al margen su concepción del lenguaje como construcción simbólica, se pierde el disfrute de su contenido más profundo, porque en esa base filosófica se justifican sus metáforas, sus enumeraciones, sus incertidumbres. «Lo que dijo Emerson: "Los idiomas están hechos de metáforas fósiles" es verdad, el lenguaje está hecho de metáforas fósiles. Lo cual es una metáfora, a su vez». (BORGES - CARRIZO 1982)

Dijo José Isaacson: «Algún Otro cuyo reflejo somos, torna inútil toda rebeldía; sólo podemos pasearnos por jardines, que siempre serán formas del laberinto. Lo único que quizá sea nuestro, algo a lo que podemos aferrarnos, es la palabra, arquetipo de la cosa. En el mundo de Borges, la palabra no es, por tanto, mero juego. Por el contrario, la palabra, en ese mundo que construye laboriosamente, es lo único que se le presenta como concreto y estable. La palabra le permite entrever las cualidades de Dios». (BORGES 2019)

Las «indagaciones sobre temas de índole metafísica sólo adquieren pleno significado en Borges si se leen como si fueran indagaciones no acerca de la realidad, sino acerca de la naturaleza y función del lenguaje y la literatura… El mismo escepticismo del que parte Borges parece estar estrechísimamente vinculado a la naturaleza arbitraria y falsificadora del lenguaje». (ECHEVARRÍA 1980)

Dos filósofos del lenguaje tuvieron gran influencia sobre el escritor argentino: Fritz Mauthner y Ludwig Wittgenstein, sobre todo el primero de ellos. Pertenecieron a un período de enorme importancia para el desarrollo científico y filosófico. Fritz Mauthner (1849-1923), Ludwig Wittgenstein (19089-1951) René Thom (1923-2002), Ernst Cassirer (1874-1945), Georg Cantor (1845-1918), Bertrand Russell (1872-1970), Sigmund Freud (1856-1939), Friedrich Nietzsche (1944-1900) y Claude Lévi-Straus (1908-2009) fueron contemporáneos entre varios de ellos en algún momento de sus vidas. Todos ellos tienen relación directa o indirecta con Jorge Luis Borges (1999-1986) y sus conceptos filosóficos, matemáticos, semióticos y estructuralistas.

Borges no mencionó ni al francés René Thom ni al prusiano Ernst Cassirer y no tenía por qué haberlos leído, pero fueron ellos quienes abrieron la puerta al concepto de hombre como animal simbólico y con ello sentaron las bases para el desarrollo teórico de los dos filósofos antes mencionados.

René Thom, matemático y filósofo francés, desarrolló matemáticamente los conceptos de "saliencia" (o prominencia) y de "pregnancia". En biología se denomina pregnancia al hecho de que ciertos objetos o circunstancias adquieren significación para determinado animal debido a que la percepción de esas formas (*logos* en la terminología de Thom) desencadena reacciones hormonales y motoras en ese animal. Cassirer y Tom desarrollaron esta diferencia: si un animal con hambre percibe la cercanía de su presa (por la vista, el olfato, etc.) se lanzará a cazarla. No depende de su voluntad sino de su instinto y no tiene otra posibilidad. El ser humano, en cambio, puede reaccionar de otro modo frente a un vector pregnante, porque puede imaginar y actuar una conducta diferente de su parte. Con esta idea de un vector pregnante, Thom reflexionó acerca de la cacería como origen de los simbolismos. En resumen, el hombre puede *inhibir sus instintos* porque piensa, y puede, a través de su imaginación, inventar otras posibilidades, gracias al lenguaje que está en la base misma de todo pensamiento. Se puede interpretar que cuando Freud diferencia *instinto* de *pulsión* (instinto culturalmente modificado) se refiere a lo mismo. Es decir, el ser humano crea símbolos que le permiten reaccionar de un modo diferente al solo instinto. Al llevar el concepto de *símbolo* a lo más profundo de su esencia, Borges afirma en su Prólogo a "El otro, el mismo" que «la raíz del lenguaje es irracional y de carácter mágico». En este caso el adjetivo mágico no se refiere a la magia en el sentido actual de prestidigitación, sino a la conexión que el hombre, con su palabra (Verbo para las religiones, del latín *verbum*), logra establecer con lo sagrado.

Fue Cassirer quien describió al hombre como un animal simbólico, ya que una característica esencial del ser humano consiste en su capacidad para crear símbolos, verdaderos sistemas simbólicos. El hombre comprende y explica el mundo en el cual vive como universo simbólico. Somos animales simbólicos y como tales interpretamos al mundo a través de símbolos, por nosotros creados. Cassirer estudió el idioma como conjunto de símbolos y de estructuras. En esa línea, Mauthner y Wittgenstein profundizaron ambos conceptos.

En "El idioma de los argentinos", escrito en 1928, Borges citó por vez primera a Mauthner: "No hay que pensar en la ordenación de ideas afines. Son demasiadas las ordenaciones posibles para que alguna de ellas sea única. Todas las ideas son afines o pueden serlo. Los contrarios lógicos pueden ser palabras sinónimas para el arte: su clima, su temperatura emocional suele ser común. De esta no posibilidad de una clasificación psicológica no diré más: es desengaño que la organización (desorganización) alfabética de los diccionarios pone de manifiesto». (BORGES 1928) En la primera de sus postdatas a "Las kenningar" (en "Historia de la eternidad") Borges lo cita una vez más: "Mauthner observa que los árabes suelen derivar sus figuras de la relación padre-hijo. Así: padre de la mañana, el gallo; padre del merodeo, el lobo; hijo del arco, la flecha; padre de los pasos, la montaña...". En una reseña de una historia de la literatura alemana en 1943, sentenció: "La tradicional exclusión de Schopenhauer y de Fritz Mauthner me indigna, pero no me sorprende ya: el horror de la palabra filosofía impide que los críticos reconozcan, en el *Woerterbuch* de uno y en los *Parerga und Paralipomena* de otro, los más inagotables y agradables libros de ensayos de la literatura alemana".

En "La doctrina de los ciclos" (capítulo de "Historia de la eternidad") destacó el "Wörterbuch der Philosophie", en una edición de Leipzig de 1923, y debate la teoría del eterno retorno: «Escribió Nietzsche: "No anhelar distantes venturas y favores y bendiciones, sino vivir de modo que queramos volver a vivir, y así por toda la eternidad". Mauthner objeta que atribuir la menor influencia moral, vale decir práctica, a la tesis del eterno retorno, es negar la tesis -pues equivale a imaginar que algo puede acontecer de otro modo. Nietzsche respondería que la formulación del regreso eterno y su dilatada influencia moral (vale decir práctica) y las cavilaciones de Mauthner y su refutación de las cavilaciones de Mauthner, son otros tantos necesarios momentos de la historia mundial, obra de las agitaciones atómicas...»

Mauthner definió el lenguaje como un sistema arbitrario de símbolos. El lenguaje no es la realidad, no se parece en nada a ella. Es un sistema metafórico constituido por símbolos, debido a lo cual la naturaleza del lenguaje es siempre metafórica. Por lo tanto, el lenguaje inevitablemente falsea toda realidad: es un sistema de símbolos arbitrarios que nada tiene que ver con la realidad y que nos permite socializar experiencias.

La arbitrariedad de los símbolos del lenguaje queda remarcada en la Biblioteca de Babel, uno de cuyos libros contenía casi dos hojas de líneas homogéneas. Un descifrador dijo que se trataba de idioma portugués; otros dijeron que era yiddish. Casi cien años después se supo la verdad: era guaraní, en forma de un dialecto samoyedo-lituano, con inflexiones de árabe clásico. América del Sur, Siberia, Arabia y Europa. Todos los continentes en un solo dialecto. Puesto que de símbolos se trata, todos podían ser mezclados en un solo texto, y su comprensión podía también ser compartida por quienes socializaron esas experiencias.

En el año 1920 Borges escribió el texto "Al margen de la moderna estética" que fue publicado en Madrid en la revista *Grecia*, dedicada a la vanguardia literaria ultraísta. Allí explicó la esencia del ultraísmo y la razón de la admiración que en ese momento sentía por ese movimiento: «El ultraísmo no es quizás otra cosa que la espléndida síntesis de la literatura antigua, que la última piedra redondeando su milenaria fábrica. Esa premisa tan fecunda que considera las palabras no como puentes para las ideas, sino como fines en sí, halla en /I su apoteosis». (BORGES 1997)

En el prólogo a su libro "Artificios" Borges resumen que «Schopenhauer, De Quincey, Stevenson, Mauthner, Shaw, Chesterton, León Bloy, forman el censo heterogéneo de los autores que continuamente releo.»

En su libro "Otras inquisiciones", de 1952, aclaró: "Las palabras del idioma analítico de John Wilkins no son torpes símbolos arbitrarios; cada una de las letras que las integran es significativa, como lo fueron las de la Sagrada Escritura para los cabalistas. Mauthner observa que los niños podrían aprender ese idioma sin saber que es artificioso; después en el colegio, descubrirían que es también una clave universal y una enciclopedia secreta". Son símbolos, pero no son arbitrarios, podemos comunicarnos gracias a ellos y hasta dejar mensajes secretos, como los buscados por los cabalistas.

Borges se oponía al uso de la de la alegoría y comentó (críticamente) palabras de Chesterton en defensa de esa figura retórica. En "De las alegorías a las novelas", atribuye a Chesterton que: «Declarado insuficiente el lenguaje, hay lugar para otros; la alegoría, la arquitectura, la música pueden ser ejemplos de ellos. La alegoría está «formada de palabras, pero no es un lenguaje del lenguaje, un signo de otros signos de la virtud valerosa y de las iluminaciones secretas que indica esa palabra. Un signo más preciso que el monosílabo, más rico y más feliz».

Para Borges «la alegoría es un error estético», y en el mismo texto es aún más contundente: la novela alegórica «es fábula de abstracciones, como la novela lo es de individuos».

Borges decía que todo lenguaje requiere un pasado compartido; en otras palabras, todo lenguaje es histórico-social, es necesariamente una construcción social sin la cual sería imposible entendernos. Podemos usar palabras para comunicar algo, pero lo comunicado es recibido por el lector de un modo no necesariamente idéntico al del escritor. Este debe lograr resucitar en el lector memorias análogas. Pero la memoria jamás es perfecta, siempre transforma las experiencias con sucesivas modificaciones: la memoria también inevitablemente falsea toda realidad por ella recuperada. Al hecho de compartir memorias Borges lo llamó «archivo mnemónico», tan plástico y aproximativo como lo es el lenguaje. Por eso, según Mauthner y Wittgenstein, el lenguaje es tan apto para la poesía.

Borges brinda otra muestra del sentido simbólico de las palabras: «El jurista Segovia, en su atropellado "Diccionario de argentinismos", escribe de ella: *Macana*: Disparate, despropósito, tontería. Eso, que ya es demasiado, no es todo. Macana se les dice a las paradojas, macana a las locuras, macana a los contratiempos, macana a las perogrulladas, macana a las hipérboles, macana a las incongruencias, macana a las simplonerías y boberías, macana a lo no usual. Es palabra de haragana generalización y por eso su éxito. Es palabra limítrofe, que sirve para desentenderse de lo que no se entiende y de lo que no se quiere entender. ¡Muerta seas, macana, palabra de nuestra sueñera y de nuestro caos!». El símbolo puede tener diferentes interpretaciones dadas por quien las recibe, que pueden no coincidir con el sentido dado por el emisor.

El tema del símbolo y del objeto al cual se refiere no abarca solamente el lenguaje de las palabras se manifiesta también, entre otros campos, en el arte, como las esculturas y las imágenes. Un ejemplo destacable de ello es la obra del francés Marcel Duchamp llamada *Fuente* (urinario), de 1917. Siempre se destaca que Duchamp (quien no firmó la obra con su nombre) inició el empleo de objetos de uso habitual, no considerados "arte", haciendo que por alguna transformación pudiesen ser considerados como auténticas obras de arte. En este caso, se trata de un mingitorio de porcelana exhibido con la parte inferior hacia arriba y viceversa. Existe otro análisis posible: considerar a esta obra tridimensional como el primer caso en la historia en el cual un artista "exhibe" el no-vínculo esencial entre palabra y objeto. En efecto, lo exhibido por Duchamp no tiene la utilidad para lo cual fue fabricado y que justifica su nombre (está invertido, no tiene cañería de desagüe ni de provisión de agua para su higiene, etc.). Se ve un objeto no representado por el símbolo con el cual se lo conoce. A tal punto llega esta disociación símbolo-objeto que algunos interpretaron la obra como la exhibición de los órganos sexuales femeninos.

Otro caso muy destacable es la serie de cuadros del pintor belga surrealista René Magritte conocida como "La traición de las imágenes" (*La trahison des images*), realizados entre 1928–1929. En cada uno de ellos el artista dibujó y coloreó una pipa y escribió «*Ceci n'est pas une pipe*», es decir «Esto no es una pipa». Por supuesto, sobre la tela no está físicamente presente el objeto pipa (nadie podría usarla para fumar, el tamaño no es el de las pipas habituales, etc.), sino que se trata de una imagen de la misma: lo que se observa sobre la tela del cuadro es una representación simbólica de la pipa. La palabra que usamos para mencionarla es un símbolo y no el objeto en acto. Visto desde este punto de vista, así como Mauthner y Borges (entre otros) cuestionaron el vínculo que creamos entre las palabras (símbolos) y los objetos, Duchamp y Magritte fueron los primeros en cuestionar el vínculo entre un dibujo o una "escultura" (representaciones simbólicas) y el objeto real. Palabras e imágenes artísticas son símbolos que de ningún modo contienen o transmiten la esencia del objeto. Por eso Magritte escribió: «No hay un objeto que esté combinado tanto con su nombre para que no se le pueda dar cualquier otro nombre que encaje mejor» y también «Un objeto nunca consigue la misma impresión como su nombre o imagen». (MAGRITTE 2000)

Según Almeida, tanto la obra de Wittgenstein como la de Borges son estrictamente filosóficas y literarias: «Si hay un filósofo que se aproxima a la visión de la filosofía que tiene Borges, ese es Wittgenstein. No se puede, esta vez, hablar de influencia, sino más bien, para citar a uno de ellos, de "aires de familia"». (ALMEIDA, 2023). A veces lo que llamamos «comprender una frase» tiene más semejanza de lo que se piensa con la comprensión de una frase musical. Años después Wittgenstein agregó una concepción prosódica: "A veces una frase sólo puede entenderse cuando se la lee en el *tempo* correcto. Todas mis frases deben ser leídas lentamente». (ALMEIDA, 2003) De este modo resume la importancia de entonación, acentuación y pausas del lenguaje, para brindar el marco perceptivo y cognitivo de la obra.

Y por su parte Borges: «Yo diría que lo más importante de un autor es su entonación». (BORGES, 1989) El escritor tiene que encontrar la entonación, el tono que conviene. Si se encuentra la entonación justa, es cuestión de tiempo, de paciencia, de que le sean reveladas ciertas cosas. «Cada palabra es lo que significa, luego lo que sugiere, y luego el sonido… Como la literatura consiste en combinar esas palabras, tiene que haber una suerte de equilibrio entre esos tres elementos: el sentido, la sugestión, la cadencia». (BORGES, 2023)

"No sólo escribimos símbolos sino que somos símbolos; y somos símbolos escritos… por Algo o Alguien". Aquí Borges introduce la noción mística de que la palabra puede ser la Palabra. Y el origen y sentido social del lenguaje aparece cuando afirma que "toda palabra presupone una experiencia compartida". Y esta otra frase en "La esfera de Pascal": «Quizá la historia universal es la historia de la diversa entonación de algunas metáforas».

Un libro no es, según Borges, tan sólo una estructura verbal o una serie de estructuras verbales: «Es el diálogo que entabla con su lector y la entonación que impone a su voz y las cambiantes y durables imágenes que deja en su memoria. Ese diálogo es infinito».

Haber destacado la importancia del sonido fue un acierto de Borges. La neurociencia ha descubierto que cada sonido estimula un conjunto específico de células de la corteza cerebral y que ésta procede asociando conceptos. Las palabras a las que responde el mismo conjunto de neuronas pertenecen a *categorías similares*. El cerebro asocia entre sí palabras que pertenecen a una cierta categoría, por ejemplo *duck* (pato) y *egg* (huevo), y activan algunas de las mismas neuronas. Para los investigadores todos los cerebros humanos agrupan los significados de la misma manera. Eso ayuda a convertir el sonido en sentido, en otros términos: el concepto asociado a una palabra es codificado por neuronas específicas, y luego decodificado por ellas mismas. Las neuronas corticales no distinguen las palabras por su sonido, sino sólo por su significado. El estudio se hizo en idioma inglés y se vio que un sonido parecido pero conceptualmente no perteneciente a una determinada categoría no genera los mismos estímulos; fue el caso de *sun* (sol) y *son* (hijo). (JAMALI, 2024) Tanto Borges como Wittgenstein han acertado al señalar la importancia de la pronunciación y del ritmo.

Declara Borges en el prólogo a "El Informe de Brodie": «He intentado, no sé con qué fortuna, la redacción de cuentos directos. No me atrevo a afirmar que son sencillos; no hay en la tierra una sola página, una sola palabra, que lo sea, ya que todas postulan el universo, cuyo más notorio atributo es la complejidad». La frase «entonación de algunas metáforas» nos remite con precisión al concepto borgiano del lenguaje como un conjunto de metáforas, de cuya entonación depende lo que el oyente o el lector crean entender. Con referencia al signo *coma* dice: «Esta rayita curva o signo ortográfico o pausa breve para compendiar o átomo de silencio, no difiere sustancialmente de una palabra. Tan intencionadas son las comas o tan ínfimas las palabras». (BORGES, 1928) El símbolo coma (,) es un átomo de silencio. Difícil encontrarle un significado más simbólico y estructural.

En su ensayo "Quevedo", se pregunta el por qué se lo ha olvidado y concluye que la razón es que «sus duras páginas no fomentan, ni siquiera toleran, el menor desahogo sentimental». Analiza entonces la estructura de la obra de Quevedo y fundamenta su opinión: «el ostentoso laconismo, el hipérbaton, el casi algebraico rigor, la oposición de términos, la aridez, la repetición de palabras, dan a ese texto una precisión ilusoria». Ha realizado un análisis estructural completo, pero no por ello olvida cómo impacta cada obra en el lector.

El bautizado "segundo Wittgenstein", asociado a su obra "Investigaciones filosóficas" (primera edición de 1953), desecharía lo elaborado en el "Tractatus" y abandonaría la "teoría pictórica del significado" para proponer que los elementos del lenguaje no tienen una referencia fija a un objeto del mundo, sino que su valor depende del contexto (ubicación, lugar) en el que se encuentre tal término en relación a la proposición. (GONZALEZ, 2017) Más tarde creyó que sería oportuno publicar simultáneamente las dos obras.

En "El Aleph" dice Borges: «Todo lenguaje es un alfabeto de símbolos cuyo ejercicio presupone un pasado que los interlocutores comparten; ¿cómo transmitir a los otros el infinito Aleph, que mi temerosa memoria apenas abarca? (...) Por lo demás, el problema central es irresoluble: la enumeración, siquiera parcial, de un conjunto infinito e infinitesimal». Claro que el relato que hace Borges es sucesivo y discursivo, porque el lenguaje lo es; pero lo que vieron sus ojos fue simultáneo, una realidad tal que no admite representación isomórfica o modelo alguno. Y un resumen formidable: «Toda palabra presupone una experiencia compartida».

Para el Borges de "El idioma analítico de John Wilkins", «fuera de la evidente observación de que el monosílabo *moon* es tal vez más apto para representar un objeto muy simple que la palabra bisílaba *luna* (…), todos los idiomas del mundo son igualmente inexpresivos».

Quizá corresponda a esa idea la respuesta que dio en una oportunidad a la escritora argentina María Rosa Lojo cuando ésta le preguntó qué significaba para él la palabra *símbolo*. Borges dijo que en la antigüedad no había posadas; que los antiguos partían un disco y le daban una de las mitades al forastero que había llegado a la casa, o al castillo. Mucho después, si alguien volvía con ese fragmento de disco, aunque no fuera la misma persona —podía ser un hijo, un nieto, un amigo—, era recibido como un huésped que no se hubiera ido nunca de la casa. (CASTILLO, 2014) Ese disco partido es algo más que un objeto, significa otra cosa, y ése es el origen de la palabra símbolo. No es medio disco, es un símbolo. Pero es un castillo, es un burgo, es Kafka: esta es una asociación siempre implícita en Borges.

Lo más sorprendente del relato árabe de "Las mil y una noches" es, para Borges, su estructura: «El libro es una serie de sueños cuidadosamente soñados. Pese a su inagotable variedad, la obra no es caótica; la rigen simetrías que nos recuerdan las simetrías de un tapiz». El misterio, se observará, parte de la contradicción entre lo inagotable, lo infinito, por un lado, y la simetría y el cuidado con que se ha evitado el caos, por otro. Según Cala no es debido tan sólo al ardid de dar cohesión a los cientos de cuentos distintos sino también a la atracción que siempre provocó en él el arte de la enumeración que finaliza con una frase que da cohesión y sentido. (CALA, 1992) Se incluyen en sus obras relaciones de elementos (tales como infinitos espejos que casi siempre son aterradores, infinitos laberintos que pueden no ser físicos como es el caso del desierto, infinitos sueños a veces dentro de otros sueños, los infinitos hechos de pasado, presente y futuro en una sola visión), y todo ello ayuda a crear en el lector algunas veces la percepción de oposición / conjunción, en otras la síncresis de tiempo, espacio y creencias, y casi siempre la incredulidad.

La limitación de todo lenguaje es magistralmente desarrollada por Borges en su cuento "El idioma analítico de John Wilkins". Allí menciona "El Emporio celestial de conocimientos benévolos", de una ficticia enciclopedia china, en la cual los animales se clasifican en: «(a) pertenecientes al Emperador, (b) embalsamados, (c) amaestrados, (d) lechones, (e) sirenas, (f) fabulosos, (g) perros sueltos, (h) incluidos en esta clasificación, (i) que se agitan como locos, (j) innumerables, (k) dibujados con un pincel finísimo de pelo de camello, (l) etcétera, (m) que acaban de romper el jarrón, (n) que de lejos parecen moscas». Michel Foucault, en su famoso libro "Las palabras y las cosas", escribió que rió mucho con la enumeración borgeana y que su propio libro nació del texto de Borges, «de la risa que sacude, al leerlo, todo lo familiar al pensamiento —al nuestro: al que tiene nuestra edad y nuestra geografía—, trastornando todas las superficies ordenadas y todos los planos que ajustan la abundancia de seres, provocando una larga vacilación e inquietud en nuestra práctica milenaria de lo Mismo y lo Otro». (FOUCAULT, 1968) Con toda intención, en este cuento Borges, conocedor de la teoría matemática, rompe todo límite entre conjuntos y subconjuntos, mostrando una vez más la inaccesibilidad al conocimiento cósmico.

Para Borges las palabras, en cuanto símbolo, no penetran la esencia de lo descrito, a pesar de lo cual «la imposibilidad de penetrar el esquema divino del universo no puede, sin embargo, disuadirnos de planear esquemas humanos, aunque nos conste que éstos son provisorios». Esta provisoriedad sonaba probablemente irreverente y poco creíble incluso para Foucault, antes de leer "El idioma analítico de John Wilkins".

Un comentario de Foucault originado en el cuento de Borges es aplicable a otros muchos escritos por este autor. Se refiere a la creación de mundos imaginarios heterotópicos. Por eso Foucault compara los mundos imaginarios con las utopías e incluye una referencia a las diferencias estructurales entre ambos tipos de narración. «Las utopías consuelan: pues si no tienen un lugar real, se desarrollan en un espacio maravilloso y liso; despliegan ciudades de amplias avenidas, jardines bien dispuestos, comarcas fáciles, aun si su acceso es quimérico. Las heterotopías inquietan, sin duda porque minan secretamente el lenguaje, porque impiden nombrar esto y aquello, porque rompen los nombres comunes o los enmarañan, porque arruinan de antemano la "sintaxis" y no sólo la que construye las frases... Por ello, las utopías permiten las fábulas y los discursos: se encuentran en el filo recto del lenguaje, en la dimensión fundamental de la fábula; las heterotopías (como las que con tanta frecuencia se encuentran en Borges) secan el propósito, detienen las palabras en sí mismas, desafían, desde su raíz, toda posibilidad de gramática; desatan los mitos y envuelven en esterilidad el lirismo de las frases». (FOUCAULT, 1968) En toda su obra Borges destruye los límites entre realidad y ficción, y a partir de allí construye una mitología intelectual, filosófica y estética. Se trata de una estructura que yuxtapone lo mitológico - religioso, lo ficcional, la filosofía y lo histórico (incluso muchas veces autobiográfico), que se convierte en la herramienta hermenéutica necesaria para una mejor comprensión de sus textos. Él mismo nos lo dice en versos de su poema "La luna": «...sucedieron tantas cosas, reales, imaginarias y dudosas... / La historia que he narrado aunque fingida / Bien puede figurar el maleficio / De cuantos ejercemos el oficio / de cambiar en palabras nuestra vida».

Observa Alberto del Pozo que el humorismo de Borges, antes mencionado y que él negaba, «no se entiende si no se comprende lo que el humorismo realmente es: la expresión de una utopía, la de un mundo sin identidades... En realidad, Foucault es la variante seria más consecuente de lo que ese enciclopedista propone. Pero el problema es que Borges está más cerca del enciclopedista que de Foucault». (DEL POZO,

2007) Al negar su propio humorismo Borges se refería sin duda a sus escritos: «el humorismo, lo sospecho, es un género oral, un súbito favor de la conversación, no una cosa escrita».

En "Una rosa amarilla" Borges imaginó a Marino, un destacado escritor, en su lecho de muerte, murmurando versos propios, hasta que de pronto tuvo una revelación: tal como le sucedió a Adán en el Paraíso, Marino tuvo un contacto primordial con la rosa y no con las palabras o los términos que designan el objeto; sintió que la rosa estaba "en su eternidad y no en sus palabras". Marino había penetrado la esencia divina de la rosa. No era el símbolo (la palabra "rosa" que la representa) sino su esencia lo que había captado.

Borges jugó críticamente con la idea del lenguaje inmutable como lo opuesto a la concepción socio-histórica de la escritura y de la lectura de todo texto y de todo idioma. El inexistente *Quijote* del ficticio Pierre Menard, tanto como el Quijote auténtico de Cervantes, exigen ser leídos con sentido histórico, es decir en un contexto cultural que modifica el sentido original, según la experiencia de cada lector. Dice irónicamente el cuento de Borges:

«Es una revelación cotejar el don Quijote de Menard con el de Cervantes. Este, por ejemplo, escribió (Don Quijote, primera parte, noveno capítulo): ...*la verdad, cuya madre es la historia, émula del tiempo, depósito de las acciones, testigo de lo pasado, ejemplo y aviso de lo presente, advertencia de lo por venir.*

«Redactada en el siglo diecisiete, redactada por el "ingenio lego" Cervantes, esa enumeración es un mero elogio retórico de la historia. Menard, en cambio, escribe: ... *la verdad, cuya madre es la historia, émula del tiempo, depósito de las acciones, testigo de lo pasado, ejemplo y aviso de lo presente, advertencia de lo por venir.*

«La historia, *madre* de la verdad; la idea es asombrosa. Menard, contemporáneo de William James, no define la historia como una indagación de la realidad sino como su origen. La verdad histórica, para él, no es lo que sucedió; es lo que juzgamos que sucedió. Las cláusulas finales -*ejemplo y aviso de lo presente, advertencia de lo porvenir*- son descaradamente pragmáticas. También es vívido el contraste de los estilos. El estilo arcaizante de Menard - extranjero al fin- adolece de alguna afectación. No así el del precursor, que maneja con desenfado el español corriente de su época». No es lo que dice el texto, es lo que interpreta el lector.

En el "Evangelio según Marcos" un estudiante de medicina, de apellido Espinosa, viaja a una estancia y, para distraer a los analfabetos campesinos, se le ocurre leerles un tramo de la Biblia; lo hace cada noche, hasta que el capataz pregunta si Jesucristo murió para salvar a todos los hombres; la respuesta fue afirmativa y Espinosa agregó que fue para salvarlos del infierno. El diálogo siguió así:

> «-¿Qué es el infierno?
> —Un lugar bajo tierra donde las ánimas arderán y arderán.
> —¿Y también se salvaron los que le clavaron los clavos?
> —Sí —replicó Espinosa, cuya teología era incierta».

Los campesinos prepararon una cruz y Espinosa murió en ella. El mensaje que el emisor (Espinosa) quiso ofrecer fue comprendido de un modo diferente por los receptores, quienes no tenían experiencia con las palabras de los Evangelios. La consecuencia fue trágica.

Borges aparece teóricamente justificado en la escuela lingüística estructuralista de Dinamarca, que surgió en la década de 1930, fundada por Viggo Bröndal y Luis Hjelmslev. Dicha concepción estructuralista describe que una vocal puede constituir una sílaba; en cambio, las consonantes son segmentos que aparecen en posiciones dependientes de las vocales, no pueden constituir sílabas por sí solas. La estructura es el conjunto de leyes que asegura esa formación de sílabas (letras con letras), de palabras (sílabas con sílabas), etc. Hjelmslev describió la lingüística como el estudio de los signos que componen los lenguajes humanos, es decir como parte de la semiótica.

(HJELMSLEV, 1991) El signo, socialmente compartido, es la forma elegida por el emisor, pero el receptor (lector u oyente) puede interpretarlo de un modo no idéntico al pensado por el emisor, como fue el caso de los campesinos que escucharon el "Evangelio según Marcos". Hjelmslev describió distintos tipos de semiótica; uno de ellos es lo que denominó "semiótica connotativa". El ejemplo es el de un texto contemporáneo cuya acción se desarrolla supuestamente en un tiempo pretérito, que logra sin embargo aparejar connotaciones antiguas mediante una escritura cuyo vocabulario, sintaxis y entonación (para nuestro caso el español de Menard) sean adecuados a los del momento que se desea recrear. Hjelslev sostiene que el lenguaje es forma, no sustancia. La estructura del lenguaje es un factor esencial del lenguaje y en Borges lo demuestran el cuidado de su prosa, de su dicción y de la etimología.

En el capítulo "El idioma infinito" de su libro "El tamaño de mi esperanza" del año 1926, Borges ya anticipa algunos criterios estructuralistas acerca del uso del lenguaje, entendido como conjunto de símbolos: «El mundo aparencial es un tropel de percepciones barajadas. Una visión de cielo agreste, ese olor como de resignación que alientan los campos, la acrimonia gustosa del tabaco enardeciendo la garganta, el viento largo flagelando nuestro camino, y la sumisa rectitud de un bastón ofreciéndose a nuestros dedos, caben aunados en cualquier conciencia, casi de golpe. El lenguaje es un ordenamiento eficaz de esa enigmática abundancia del mundo. Dicho sea con otras palabras: los sustantivos se los inventamos a la realidad». Y más adelante potencia el concepto: «La lengua es edificadora de realidades». (BORGES, 1926) En resumen, el lenguaje es ordenamiento y edificación: estructura en estado puro.

En su "Historia de la Eternidad" Borges comenta un poema de Gracián: «El frenesí taurino-gallináceo del reverendo Padre no es el mayor pecado de su rapsodia. Peor es el aparato lógico: la aposición de cada nombre y de su metáfora atroz, la vindicación imposible de los dislates». En el mismo libro dice que Nietzsche «sabía que la más eficaz de las personas gramaticales es la primera. Derivar su revelación [del Eterno Retorno] de un epítome o de la *Historia philosophiae greco-romanae* de los profesores suplentes Twitter y Preller, era imposible a Zarathustra, por razones de voz y de anacronismo -cuando no tipográfica. El estilo profético no permite el empleo de las comillas ni la erudita alegación de libros y autores…».

Se trata de la estructura antes que del contenido. «Spencer decía que lo último que debían tener los niños es la gramática. La gramática es la filosofía del idioma, es lo que viene después». (SCHERER, 2024) Y Borges agrega sobre el tema: «Yo podría contestar que lo más humano (esto es, lo menos mineral, vegetal, animal y aun angelical) es precisamente la gramática». En otras palabras: la estructura.

«Yo he procurado, en los pormenores verbales, siempre atenerme a la gramática… En lo esencial del léxico he imaginado algunas trazas que tienden a ensanchar infinitamente el número de voces posibles. He aquí alguna de esas trazas, levantada a sistema y con sus visos de política: a) La derivación de adjetivos, verbos y adverbios, de todo nombre sustantivo… b) La separabilidad de las llamadas preposiciones inseparables… c) La traslación de verbos neutros en transitivos y lo contrario… d) El emplear en su rigor etimológico las palabras».

Un ejemplo de ello es "El informe de Brodie". Trata de un viaje efectuado por un misionero escocés presbiteriano. Se comprende de inmediato que es un remedo de los "Viajes de Gulliver", de Jonathan Swift, clérigo irlandés anglicano. No por casualidad Borges asigna esa función religiosa a Brodie: el tatarabuelo del escritor argentino fue pastor metodista en Inglaterra. Gulliver y Brodie (Swift y Borges) denominan Yahoos a las personas que conocen, aunque con conclusiones muy diferentes. Entre los Yahoo de Borges, existe un áspero lenguaje que no tiene vocales: el de los Mlch (o Yahoos). Dice el informe al Rey: «La virtud intelectual de abstraer que semejante idioma postula, me sugiere que los Yahoos, pese a su barbarie, no son una nación primitiva sino degenerada». Además, «cada palabra es un monosílabo que corresponde a una idea general, que se define por el contexto o por los visajes... No nos maravillemos con exceso; en nuestra lengua, el verbo *to cleave* vale por hendir y adherir». Borges nos recuerda que una misma palabra puede tener significados no idénticos. El supuesto autor del informe da a *ch* (presente en el nombre de los habitantes del lugar, los Mlch) el valor que tiene en *loch*. Aquí Borges usa un término gaélico que significa lago, pero también puede ser cualquier masa de agua semejante a un lago, incluso puede ser un brazo de mar, como fiordo, estuario o bahía. Elige por lo tanto una palabra que puede tener varios significados en otros idiomas. El Gulliver de Swift es categórico con respecto a los Yahoos: seres abominables y repugnantes. En cambio, Brodie, si bien opina que sus Yahoos son de naturaleza bestial y decadente, observa también aspectos positivos en su sociedad: lograron construir la forma de un orden y mantenerlo sin violencias extremas. «Tienen instituciones, gozan de un rey, manejan un lenguaje basado en conceptos genéricos, creen, como los hebreos y los griegos, en la raíz divina de la poesía y adivinan que el alma sobrevive a la muerte del cuerpo... Representan, en suma, la cultura, como la representamos nosotros, pese a nuestros pecados». Borges destaca así el valor de cada una de las culturas y la necesidad de comprender sus valores y tradiciones, lo cual incluye su lenguaje. En tono socarrón, advierte que los ingleses también tienen cultura, pero la importancia de ésta puede ser opacada por sus pecados.

En el cuento "Tlön, Uqbar, Orbis Tertius" el tiempo no existe (o, al menos, eso es lo que se cree allí): unos afirman que se vive en un eterno presente, indefinido y sin escisión entre pasado y futuro; otros sostienen que todo tiempo ya ha transcurrido y sólo vivimos en su recuerdo. Puesto que se rechaza la continuidad de tiempo, espacio y sustancia, la identidad es inconcebible, por lo cual las lenguas carecen de sustantivos:

no existe una sustancia continua que provea la base empírica para justificar la existencia del sustantivo. Una de las lenguas se basa en adjetivos compuestos que se componen agregando varios adjetivos; pero estos nuevos compuestos de adjetivos sólo pueden ser utilizados una vez, porque aquello a lo que se refieren no puede repetirse, ya que, por la ausencia de tiempo, lo referido es efímero e irrepetible, y por lo tanto el adjetivo, sin importar cuán compuesto es, también es efímero e irrepetible. Otra lengua sólo emplea verbos que también pueden ser compuestos, agregando otros verbos que puedan completar el sentido de lo que se desea expresar, sin usar adjetivos ni sustantivos.

En el cuento "El inmortal" dice: «Consideré la posibilidad de un lenguaje que ignorara los sustantivos, un lenguaje de verbos impersonales o de indeclinables epítetos».

"El idioma analítico de John Wilkins" proporciona otro ejemplo. Wilkins dividió el universo en cuarenta categorías a las que asignó un monosílabo diferente que debe ser combinado con otros que corresponden a subdivisiones menores en especies.

Lenguajes sin adjetivos, sin verbos, sin sustantivos o sin vocales. Lenguajes con sólo cuarenta monosílabos. ¿Se entienden entre sí quienes los usan? Sí, en la medida en que tengan experiencia socialmente compartida de los símbolos empleados. Esa experiencia social es la que construye símbolos a los cuales asigna cierto sentido.

Los lenguajes contemporáneos no escapan a esas reglas. En la "Biblioteca de Babel" escribió Borges: «No puedo combinar unos caracteres *dhcmrlchtdj* que la divina Biblioteca no haya previsto y que en alguna de sus lenguas secretas no encierren un terrible sentido».

El lenguaje borgeano sin vocales nos remite al inglés, cuyas vocales tienen pronunciaciones diferentes. La pérdida de las vocales es síntoma de una degradación del lenguaje en Tlön, según Brodie; en el idioma inglés en dos oportunidades se disminuyó el número y/o se modificó el sonido de las vocales. El inglés tuvo su origen en el anglosajón, derivado de las invasiones germánicas; luego los vikingos llevaron su propia influencia. Se trataba en realidad de dialectos, tales como el hablado en Northumbria, reino que Borges menciona reiteradamente por su amor al anglosajón, y por el hecho de tener ancestros de Northumbria. Más tarde se produjeron las llamadas "fuga de vocales", que finalizaron en algún momento de los siglos XV o XVI aproximadamente. Pero aun así, cada nivel social, cada pueblo o ciudad hablaba con enormes variaciones lingüísticas. En 1476, William Caxton introdujo por primera vez en Inglaterra, en terrenos de la abadía de Westminster, la máquina de imprenta, adquirida a Gutenberg, y publicó los primeros libros en el inglés de la Corte, lo cual provocó de modo no planificado la unificación del idioma inglés tal como hoy lo conocemos, que en su momento era el inglés culto. Borges narró lo siguiente: «Yo hablé con germanistas de la Universidad de Edimburgo, y me dijeron que Shakespeare no pronunciaba así los versos, que Shakespeare increíblemente decía: To be or nat to be. Con vocales abiertas. Casi como un argentino tratando de manejar el inglés... Porque el inglés, hasta el siglo XVII, fue un idioma de vocales y ahora las vocales abiertas han desaparecido. Es un idioma de consonantes». (BORGES - CARRIZO, 1982)

Lenguajes de distinto origen (inglés, francés, alemán, etc.) usan un solo verbo para referirse al *estado* y a la *esencia*. El español, en cambio, tiene los verbos *estar* y *ser*, respectivamente. En chino, los verbos no se conjugan, se los menciona siempre en lo que llamaríamos infinitivo (que no es tal, porque no existe otra variante); el tiempo (pasado, presente o futuro) y el número singular o plural queda definido por el resto de la frase. En francés y alemán se utilizan dos verbos auxiliares, equivalentes a *haber* y *ser* (o *estar*) en español, pero en éste usamos solamente el verbo *haber* como auxiliar. En español la letra *c* tiene sonido de *z* cuando se antepone a la 'e' o a la 'i'.

En francés, los diptongos tienen una pronunciación diferente a la de cada vocal por separado. Y los ejemplos podrían acumularse mucho más aún.

¿Se entienden entre sí quienes usan estos lenguajes contemporáneos? Sí, en la medida en que tengan experiencia socialmente compartida de esos símbolos empleados. En "Historia de la Noche" Borges se niega a «suponer que para cada cosa hay una palabra. Trabajamos a tientas. El universo es fluido y cambiante; el lenguaje, rígido». (BORGES, 1985)

CONCIENCIA, COSMOS Y FÍSICA CUÁNTICA

En su ensayo "Nueva refutación del tiempo" Borges se refiere a la existencia de ciclos en la conciencia: Chuang Tzu soñó que era una mariposa, y al despertar no sabía si era Chuang Tzu que había soñado que era una mariposa o si era una mariposa que estaba soñando que era Chuang Tzu. El nombre del "soñador" corresponde a un importante filósofo taoísta, también conocido como Zhuangzi (369a.C. - 268 a.C.). El cuento de Borges se basa en la narración tradicional china. Los cuentos árabes "Las mil y una noches" contienen esta misma narración. El escritor y científico dinamarqués Ludvig Holberg (1684-1754) incorporó la idea de este cuento en su obra *Jeppe en la montaña*; por supuesto en este caso el protagonista es Jeppe, quien despierta una vez en un zanjón y otra en la cama del barón. Recordemos que el título, "Nueva refutación del tiempo", es un oxímoron: implica que ya hubo una anterior refutación del tiempo, imposible si este no existiese. Se trata de una *contradictio in adiecto*.

En las citas incluidas a continuación Borges desliza una teoría (que por otra parte forma parte esencial de su metafísica cuasi mística) acerca de algún tipo de conexión de todo aquello que forma parte del universo:

> "He llegado a suponer que cada acto nuestro, cada sueño o que cada entresueño nuestro es obra de toda la historia cósmica anterior; o, más modestamente, de la historia universal".
>
> "Si hay un universo todas las cosas están unidas; y la enumeración caótica puede servir para que sintamos no el caos, sino el cosmos o secreto cosmos del mundo".

En primer lugar se podría pensar que Borges, profundo conocedor de los mitos orientales podría estar refiriéndose al "hilo rojo del destino" o "cordón rojo del destino" o "hilo rojo del amor", que forma parte de las mitologías presentes en China y Japón: los dioses atarían a cada niño por nacer un cordón rojo que jamás puede romperse; así quedan unidos quienes han de conocerse o ayudarse en algún momento concreto de su vida e incluso enamorarse. Sin embargo, pareciera que Borges va mucho más allá, adelantándose a las teorías actualmente en boga en la física cuántica, que resumiré en los siguientes ejemplos:

a) La física cuántica sigue en permanente evolución: el tiempo y el espacio son maleables y la causalidad no forma parte de este mundo; existirían 11 dimensiones (algunas muy compactadas) y la energía se transmite en forma discreta (no continua) en unidades llamadas cuantos (*quantum*) o fotones.

b) El ingeniero Mark Lupisella, del NASA Goddard Space Center, sostiene que quizá algún principio subyacente, una ley unificadora, o un proceso en curso crea, organiza y mantiene todas las estructuras del universo. Con fundamento en investigaciones científicas recientes, guiadas por nociones de elegante matemática, reforzada además por amplias nuevas bases de datos observacionales, busca y encuentra una probable respuesta: la energía. Islas de ordenada complejidad –a saber, sistemas abiertos (las galaxias, estrellas, planetas) y formas vivientes– están más que balanceados por los grandes mares de desorden creciente en cualquier medio ambiente más allá de los sistemas. Por ello, su conclusión: *el ubicuo sistema subyacente que mantiene todas las estructuras puede ser la energía*. El cosmos, en permanente expansión, genera flujos de energía que parecen ser importantes en el origen de todo aquello que se encuentra en la naturaleza. (LUPISELLA, 2009)

c) En 1969 el físico estadounidense Leonard Susskind desarrolló la idea de la *teoría de cuerdas*. Así como las diferentes vibraciones de la cuerda de un violín producen diferentes notas, propiedades como la masa son el resultado de diferentes vibraciones del mismo tipo de cuerda. Una partícula subatómica (el electrón, por ejemplo) es un segmento de cuerda que vibra de cierta manera, pero ese mismo segmento es un quark si vibra de una manera diferente. Dichas partículas, antes consideradas puntuales, consisten en realidad en «estados vibracionales» de un objeto extendido más básico llamado «cuerda». Se ha dicho que la teoría de cuerdas *construye materia a partir de la geometría,* Surgieron luego varias *teorías de supercuerdas,* que agregan la existencia de membranas vibratorias, que serían objetos unidimensionales extendidos.

d) Un trabajo llevado a cabo por Franco Vazza, astrofísico teórico que estudia el origen del campo magnético extragaláctico y la evolución de la estructura cósmica, en la Universidad de Bologna, y Alberto Feletti, especialista en Neurociencias y Biomedicina, en la Universidad de Verona, efectuaron una detallada comparación entre las redes neuronales y la red cósmica, dos fascinantes y complejas estructuras de la naturaleza. Emplearon aproximaciones estadísticamente homogéneas de muestras de corteza del cerebro y del cerebelo humanos, por una parte, y las compararon con porciones de la distribución simulada de materia oscura en la red cósmica. Su conclusión es que existen configuraciones similares entre ambas redes, tanto en su complejidad como en su auto-organización, a pesar de la dramática disparidad en las escalas espaciales entre estos dos sistemas. Sí: de acuerdo con estos científicos, el cerebro humano y el cosmos tienen una estructura análoga. (VAZZA, 2020) Borges lo había descripto con sutil belleza literaria, su concepción metafísica se adelantó a la ciencia.

La filósofa española Fátima Servián Francos, de la Universidad de Valencia, resume que, según este estudio, el universo puede estar creciendo de la misma forma que un cerebro gigante, con el disparo eléctrico entre las células cerebrales *reflejadas* por la forma de galaxias en expansión. Esto parece sugerir que la autoorganización cerebral y cósmica está siendo moldeada por principios similares de dinámica de redes. Y recuerda lo dicho por el sabio Hermes Trismegisto en el antiguo Egipto: "El universo y la mente. Como es arriba, es abajo". (SERVIAN FRANCO, 2023) Trismegisto significa "tres veces héroe" y su frase nos resuena hoy tanto como hace miles de años.

El universo es mil millones de mil millones de mil millones más grande que nuestro cerebro, pero tanto el cosmos como el cerebro son sistemas complejos en los cuales diferentes procesos físicos pueden conllevar al surgimiento de estructuras similares en complejidad y autoorganización. En ambos prevalecen materiales aparentemente pasivos: 70 % de agua en el cerebro y 70 % de materia oscura en el universo observable. Una sola ley fundamental de la naturaleza gobernaría estas redes ya que se extendieron de modo análogo. Contemplar el universo como un inmenso ordenador nos lleva a plantearnos preguntas cruciales sobre su programa y su memoria, aún en proceso de estudio. Stephen Hawking ya había escrito que la fuerza universal del electromagnetismo controla toda respuesta biológica.

e) Durante siglos se explicó que los átomos eran las partículas elementales de la materia. Aprendimos luego que esos átomos están constituidos por partículas aún más pequeñas: protones, neutrones y electrones. La física cuántica agrega que protones y neutrones se pueden dividir en partículas aún más pequeñas: fermiones y bosones. Por ahora, se conocen diecisiete.

* Los *fermiones (quarks* y *leptones)* son los bloques de los que está hecho todo el universo. *Toda la materia está hecha de combinaciones de fermiones.*

* Los *bosones* son las partículas que transportan las fuerzas que hacen interactuar a los fermiones.

Uno de los bosones y quien lo postuló se hicieron famosos: el de Higgs. Este bosón, de acuerdo con la teoría, da lugar a un campo cuántico, que sería un *entramado que permea todo el Universo* e interactúa con los campos del resto de partículas, aportándoles masa. El bosón de Higgs dejó de ser una presunción teórica el 4 de julio de 2012, cuando el acelerador de partículas más potente del mundo, el Gran Colisionador de Hadrones (LHC, en inglés), de la Organización Europea para la Investigación Nuclear (CERN), confirmó su existencia. Para cerrar el círculo se podría afirmar que la teoría de Borges acerca de una conexión entre todo aquello que constituye el cosmos tuvo confirmación científica.

Borges y su concepción de la existencia de una conexión universal y cósmica, de una fuerza o algo no determinado que todo lo une, fueron en él la forma literaria de anticiparse a la ciencia. Jung afirmaba que de una manera u otra somos partes de una sola mente que todo lo abarca, un único gran ser humano. Todos estamos conectados entre nosotros. Además, ideas ancestrales (místicas y filosóficas) ya hablaban de la conexión cósmica universal:

* El taoísmo pregona el principio de unidad absoluta, mutable, origen ontológico y cosmogónico de todas las cosas. Tao es la fuente, patrón y elemento constituyente seminal.

* Según el budismo un ser sintiente es un ensamblaje de múltiples condiciones, tales como el nombre y la forma, las seis facultades, y los seis dominios, esto es, tierra, agua, fuego, viento, espacio, y la conciencia.

* Los estoicos, por su parte, afirmaban la existencia de un *cosmos* regido por un principio al que llamaban *pneuma*, sucesión de causas y efectos que determinan el universo y el tiempo. Todo se repite, si algo no conocemos es porque lo hemos olvidado. Cosmos y humanos somos repetición y olvido.

Borges conocía muchas de estas concepciones. Además de transliterarlas en poemas y cuentos memorables, tuvo la visión de desarrollar en sus obras una idea muy profunda y novedosa del cosmos, la conciencia humana y la interconexión de todos los elementos.

Arbaiza Escalante señala: «La literatura de Borges intuyó temas abordados décadas después por la lógica de la física cuántica… que no han sido abordados o descubiertos por la literatura sobre la obra de Borges y la ciencia». (ARBAIZA ESCALANTE, 2022) Esos temas son básicamente tres, todos ellos de gran trascendencia:

1. El problema de la identidad en partículas subatómicas aludido en el texto de "Tlön, Uqbar, Orbis Tertius".

2. El problema del mundo de predicados sin sustantivos del mundo cuántico, en el mismo texto.

3. El problema del azar ontológico en los sistemas cuánticos, aludido en "La lotería en Babilonia".

Los múltiples universos permanecerían como "burbujas" diferenciadas y separadas entre sí por circunferencias llamadas *branas*. De esta manera, las dimensiones clásicas serían diferentes en cada universo-burbuja, y también lo serían las cualidades de las partículas elementales que forman la materia y los valores de las constantes físicas. Así, los universos de este tipo se encontrarían en espacios y tiempos diferentes al nuestro: cada uno de los agujeros negros podría ser el germen de un nuevo universo que estalla hacia la existencia en un big-bang, pero permanece oculto a nuestra vista por el *horizonte de eventos* del agujero negro. Por supuesto, cualquier otro universo es, por definición, inobservable. Si no fuese así, lo incluiríamos en *nuestro* universo. Borges hizo múltiples referencias al Universo, a la coexistencia de tiempos diferentes y a la no validez de nuestros conocimientos científicos en otros mundos.

El cuento "Tlön, Uqbar, Orbis Tertius" (1940) se desarrolla en un mundo en el cual los principios euclidianos están ausentes: «desconoce las paralelas y declara que el hombre que se desplaza modifica las formas que lo circundan». Einstein ya había confirmado la curvatura, dadas determinadas condiciones, del espacio-tiempo. Antes que eso sucediera, el cuestionamiento a la geometría clásica había sido ya desarrollado por el místico ruso Peter Ouspensky quien conjeturó que existe una cuarta dimensión que afecta la conciencia. "El libro de arena" comienza con un concepto tomado casi textualmente de Ouspensky, a quien había leído y divulgado en su juventud: «La línea consta de un número infinito de puntos; el plano, de un número infinito de líneas; el volumen, de un número infinito de planos; el hipervolumen, de un número infinito de volúmenes…». Y esta otra reafirmación: «Creo que una observación elemental, aquí es permisible, la de lo sospechoso de una sabiduría que se funda, no sobre un pensamiento, sino sobre una mera comodidad clasificatoria, como lo son las tres dimensiones convencionales. Escribo *convencionales*, porque – separadamente- ninguna de las dimensiones existe: siempre se dan volúmenes, nunca superficies, líneas ni puntos».

En Tlön explicaban que una cosa es igualdad y otra identidad. Se preguntaban si en el caso hipotético de nueve hombres que en nueve sucesivas noches padecieran un vivo dolor no sería ridículo pretender que ese dolor es el mismo. Y explicaban su propio contraargumento: si igualdad comporta identidad, habría que admitir asimismo que nueve monedas análogas, de un mismo valor, son una sola.

En su artículo titulado "Borges y la física cuántica", Arbaiza Escalante compara ese argumento con esta declaración del físico cuántico Erwin Schröedinger: "si intentamos decir que el electrón que estaba aquí en un instante de tiempo t1 es el mismo electrón que está allá en el tiempo t2 (con t2 > t1), eso debe ser entendido solamente como una abreviación de lenguaje". De aquí se concluye que los hombres de Tlön, igual que Schrödinger y otros físicos cuánticos, negaban el principio de la identidad de los indiscernibles. «No hay dos cosas distintas exactamente iguales entre sí. Incluso si tenemos 2 objetos gemelos hasta en lo más mínimo, siquiera su ubicación es diferente. Si «x» e «y» son distintos, entonces hay al menos una propiedad que «x» tiene y que «y» no tiene. Decir que «a» es idéntico a «b» (en símbolos: a = b), simplemente significa que no hay dos elementos distintos, sino solo uno. De pasada, este principio lógico nos dice que no somos los mismos cada vez que despertamos. Pues basta un nuevo recuerdo, un cambio de ánimo, o un estado físico diferente para hacernos diferentes a lo que éramos». (ARBAIZA ESCALANTE, 2022)

Según Borges, no sabemos si el universo es un cosmos o es un caos. El cosmos es el gran orden del mundo, sin embargo, planteó que muchas cosas indican que es un caos. Aunque todo está escrito anticipadamente en el libro de la vida. Borges prefiere, sin dudar, el orden cósmico. La palabra cosmos, que significa universo, proviene del latín *cosmos*, y esta del griego *kósmos*, que significa orden. La antítesis es caos (*kháos*), es decir desorden. Universo es el todo organizado. Preocupado por el cosmos como el todo organizado, Borges mostró el camino opuesto, el del caos. En el cuento "La otra muerte" dice: «En la Suma Teológica se niega que Dios pueda hacer que lo pasado no haya sido, pero nada se dice de la intrincada concatenación de causas y efectos, que es tan vasta y tan íntima que acaso no cabría anular un solo *hecho* remoto, por insignificante que fuera, sin invalidar el presente».

Este planteo es fundamento central de la teoría del caos, cuyo desarrollo inicial se adjudica al físico y matemático francés Henri Poincaré (1854-1912) y su planteo teórico al norteamericano Edward Lorenz (1917-2008). En 1903 Poincaré señaló: "El azar no es más que la medida de la ignorancia del hombre": existen innumerables fenómenos que no son completamente aleatorios y aquellos a los que pequeños cambios en las condiciones iniciales pueden conducir a enormes cambios en el resultado final. Lorenz comprobó, en forma absolutamente casual, que si en una serie de complejas ecuaciones, cuyo resultado no es aleatorio, se introduce una pequeñísima modificación en uno de los resultados (eliminó los tres últimos decimales de una cifra que tenía seis y redondeó) los resultados subsecuentes en la serie son crecientemente diferentes a lo que hubiera ocurrido sin introducir aquella modificación aparentemente insignificante. El resultado final obtenido después de aquella modificación parecía caótico, pero no lo era: estaba *determinado* precisamente por aquel cambio. Por eso llamó caos no a la falta de orden en general, sino a la ausencia de un orden conocido. Fue así como introdujo la frase «¿Puede el batir de las alas de una mariposa en Brasil dar lugar a un tornado en Texas?», título de una conferencia que brindó en Brasil y que en realidad se basa en un proverbio chino: «El aleteo de las alas de una mariposa se puede sentir al otro lado del mundo».

Si Tomás de Aquino hubiese aceptado que Dios puede modificar el pasado, efectivamente también debiera haber explicado, como resalta Borges, la intrincada concatenación de causas y efectos, que es tan vasta y tan íntima que acaso, al modificar un solo hecho remoto, por insignificante que fuera, el presente quedaría invalidado. Podría ser otro presente, por alguna modificación en apariencia banal.

Lorenz, famoso meteorólogo, lo explicó de este modo: «Un meteorólogo comentó que si la teoría fuera correcta, bastaría con un aleteo de las alas de una gaviota marina para alterar el curso del clima para siempre. La controversia aún no se ha resuelto, pero las pruebas más recientes parecen favorecer a las gaviotas». (LORENZ, 1963) Una alegoría que hizo de su propio descubrimiento dice: «Por perder un clavo, el caballo perdió la herradura, el jinete perdió al caballo, el jinete no combatió, la batalla se perdió, y con ella perdimos el reino».

Borges desarrolló el mismo concepto determinista, explicándolo literariamente en el orden inverso: «Decir *el tigre* es decir los tigres que lo engendraron, los ciervos y tortugas que devoró, el pasto de que se alimentaron los ciervos, la tierra que fue madre del pasto, el cielo que dio luz a la tierra». Será necesario retornar al orden inverso de la comprensión narrativa, porque Borges lo utilizó también en otras oportunidades.

Como se ve, Borges se mantuvo muy atento y actualizado en complejos temas matemáticos y físicos. Su cuento "La otra muerte" fue publicado en 1981 y Lorenz desarrolló los principios de su teoría en 1961. En "La creación y P. H. Gosse" (de

1941) recurre a su admirado John Stuart Mill: «Razona que el estado del Universo en cualquier instante es una consecuencia de su estado en el instante previo y que a una inteligencia infinita le bastaría el conocimiento perfecto de un *solo instante* para saber la historia del universo, pasada y venidera». Pero en el texto Borges introduce con sutileza la todavía (en aquel entonces) no desarrollada Teoría del caos, a partir de las ideas del mismo zoólogo Philip Henry Gosse y del economista John Stuart Mill. Escribe entonces: «El porvenir es inevitable, preciso, pero puede no acontecer. Dios acecha en los intervalos». La interrupción o incluso leve modificación de la serie produce desvíos significativos.

En su ensayo "Hawthorne", Borges copia literalmente un párrafo del primero que data de 1835: «En el desorden aparente de nuestro misterioso mundo, cada hombre está ajustado a un sistema con tan exquisito rigor -y los sistemas entre sí, y todos a todo- que el individuo que se desvía un solo momento, corre el terrible albur de perder para siempre su lugar».

MEMORIA, OLVIDO Y TIEMPO

"Yo creo, como el filósofo judeo-francés Bergson, que la memoria es selectiva, y que uno elige… la memoria elige." "Nuestra memoria puede mentir, pero esa mentira ya es parte de nuestra memoria, de nuestro pasado". (BORGES - 2023) Incluso, el presente va decayendo en el mismo instante en que ocurre y pasa sin cesar a ser memoria. En "Mutaciones" es categórico: «No hay en la tierra una sola cosa que el olvido no borre o que la memoria no altere y …nadie sabe en qué imágenes lo traducirá el porvenir». La capacidad de olvidar es parte esencial de la memoria. En "El mundo del ayer: memorias de un europeo" Stefan Zweig, su obra póstuma publicada en 1942, escribió: «Todo cuanto uno olvida de su vida en verdad ya estaba condenado a ser olvidado hace mucho».

Cuando afirmaba que «la memoria requiere el olvido", Borges se anticipaba una vez más a la neurociencia. En una famosa entrevista con Richard Burgin, Borges narró un concepto paterno muy importante y llamativamente contemporáneo acerca de la memoria. «Recuerdo que mi padre me dijo algo sobre la memoria, algo muy triste… "Cada vez que recupero la memoria de algo, realmente no la estoy recuperando, sino que estoy recordando la última vez que la recuperé y no la primera imagen en mi memoria, estoy recuperando mi última memoria… Y como en cada memoria hay una pequeña distorsión, no creo que mi memoria de hoy tenga lazos con las primeras imágenes que tuve". Y eso me entristeció. Pensar que tal vez no tenemos memorias de juventud.» (BURGIN, 1790)

Primero fueron los Borges (padre e hijo), después la neurociencia. Y la informática, cuyos programas tienen siempre el *save, edit, erase, copy/paste*, y nuevamente *save*, e incluso grabación periódica automática. Hoy sabemos que cuando recuperamos exitosamente un recuerdo, el mismo se nos aparece con mayor o menor grado de distorsión no intencional. Supongamos que estamos conversando con alguien, surge un tema del cual tenemos recuerdos y los compartimos. Como hemos perdido detalles de aquello que rememoramos, surge una narración, un relato, que no coincide totalmente con lo sucedido, porque algunos detalles no están y otros son nuevos agregados de nuestra conciencia. Por la noche ese recuerdo que hemos narrado es grabado en la memoria *en su nueva versión*, ya que el cerebro sintetiza proteínas para recordar lo nuevo, es decir nuestra narración más reciente del recuerdo, no su versión original, la cual queda borrada. En otras palabras, la memoria "corrige" el recuerdo borrando el primero, superponiéndole en su lugar lo que hemos verbalizado en nuestra conversación, como si estuviésemos trabajando con un procesador de textos y lo "graba" (memoriza). Y lo mismo ocurrirá cada vez que recuperemos el recuerdo. Visto así, podríamos decir que somos un relato de nosotros mismos, porque nuestra vida se transforma en un texto que se modifica hasta el último día que hagamos uso de la memoria.

Escribió Vittoria Borso que "la escritura de Borges… deja ver que el trabajo de la memoria no es la recuperación del pasado, sino más bien recordar el olvido. La discontinuidad temporal del trabajo de la memoria explica los desplazamientos de Borges en los tiempos y los espacios del archivo literario y cultural; la memoria es además el único espacio en el que se construye el presente y el futuro". (BORSO, 2008) Borso se refiere, probablemente, a que Borges decía: «Tiene razón Martín Fierro: el olvido es una forma de la memoria».

Sería una gran condena si no tuviésemos la posibilidad del olvido. Es lo que le ocurre a un tal Funes, a quien Borges denomina "el memorioso". En el cuento, el pobre Funes despierta de un estado de coma y recuerda todo en su más mínimo detalle. Llega al extremo de no poder hacer abstracciones: no existen los perros, sino cada uno de los perros, en un día y una hora exacta hasta los minutos, con nombre, y la postura identificada en cada caso. El mismo perro en otro día y hora y en otra posición es otro perro. Narrar lo sucedido en sólo un día insume a Funes un día completo, aunque comprende que no necesita toda esa memoria, que él es un vaciadero de basura. Borges tenía una memoria prodigiosa, podía recitar aún después de sus ochenta años innumerables sonetos o citas literarias o filosóficas. Borges confesó ante una audiencia in New York, «He creado un único personaje en mi ficción, Funes, y ese soy yo». (BARNSTONE, 2013)

Ante todo, para la física cuántica en el ejemplo del perro es exactamente así: la posición, el día y la hora, el estado de ánimo o de hambre, un mínimo cambio en el pelaje hace que sea *otro* perro.

Por cierto, el cuento de Borges tiene cierta vinculación con una paradoja matemática escrita por Bertrand Russell quien se basó en un personaje del escritor británico Lawrence Sterne en su obra "The Life and Opinions of Tristram Shandy, Gentleman". La obra de Sterne abarca nueve tomos publicados a lo largo de… nueve años. Escribió Bertrand Russell: «Como sabemos, Tristram Shandy empleó dos años en escribir la crónica de los dos primeros días de su vida, y se lamentó de que, en esa proporción, el material se acumularía más rápidamente de lo que él pudiese despacharlo, de forma que, a medida que pasaran los años, se hallaría cada vez más lejos del fin de su historia. Ahora bien, yo sostengo que, si él hubiera vivido eternamente y no se hubiese cansado de su tarea, en este caso, aunque su vida continuase tan pródiga en acontecimientos como empezó, ninguna parte de su biografía hubiese quedado sin escribir. Pues, considérese: el día cien lo escribirá en el año cien, el día mil en el año mil, y así sucesivamente. Cualquiera que sea el día que elijamos tan distante que no tenga esperanza de alcanzarlo, ese día será descrito en el año correspondiente. Así, pues, cualquier día que pueda decirse será escrito más pronto o más tarde y, por tanto, ninguna parte de la biografía quedará nunca sin escribir. Esta proposición paradójica, pero perfectamente verdadera, depende del hecho de que el número de días en la eternidad no es mayor que el número de años». (RUSSELL, 1987). Lo que Russell no dice es que la distancia entre lo narrado y lo vivido es geométricamente creciente. Por ejemplo, en dos años escribe lo sucedido en dos días, es decir que para completar de narrar lo vivido necesita 728 días adicionales; cuando escribió 100 días en 100 años, la diferencia es de 36.400 días.

«No podemos predecir qué es realmente el tiempo. Todo lo que podemos hacer es describir lo que hemos visto que constituye un excelente modelo matemático del tiempo». Esta cita no corresponde a Borges sino al físico gran teórico, astrofísico y cosmólogo británico Stephen Hawking. (HAWKING, 2003) El debate desarrollado por Borges acerca de la naturaleza del tiempo demuestra que se adelantó a su época y estaba mucho más cerca de la actual teoría de la física cuántica.

La idea del tiempo ha sido siempre un tema de interés filosófico y sin duda en este tema Borges se adelantó a los conocimientos científicos de su tiempo. Coincidía con Henri Bergson al considerar que ese es el principal problema de la metafísica. Había leído a San Agustín y lo cita expresamente en su libro "El tamaño de mi esperanza": «Nuestra insapiencia, sin embargo, es sólo verbal y podemos arrimarnos a lo que famosamente declaró San Agustín acerca del tiempo: ";¿Qué es el tiempo? Si nadie me lo pregunta, lo sé; si tengo que decírselo a alguien, lo ignoro"». (BORGES, 1926) Pero quizá el tiempo no existe, como dice en su poema "Descartes": «Acaso un dios me ha condenado al tiempo, esa larga ilusión».

También había estudiado el tema del tiempo en Platón, Plotino, Chesterton y Hume. En la "Historia de la eternidad" cita a Plotino: «Esa eternidad que el tiempo remeda al girar en torno del alma, siempre desertor de un pasado, siempre codicioso de un porvenir». La inexistencia del tiempo es un fundamento en buena parte del pensamiento idealista y no una creación de Borges: «Cuando yo digo que nuestra sustancia es el tiempo quiero decir que soy idealista, que creo que lo importante es esa sucesión de antes, mientras, después». (BORGES – FERRARI, 2023)

El espacio-tiempo constituye una dimensión que se curva, lo cual constituye la base de la teoría general de la relatividad de Einstein. El sacerdote belga Georges Lemaître (1894 – 1966) fue quien empezó a hablar del «huevo cósmico» o «teoría del átomo primigenio», que también denominó «Hylem», en homenaje a Aristóteles, quien denominaba Ylem a la sustancia fundamental de la cual procedería todo ente constituido por materia. La nueva concepción cosmogónica propuesta por Lemaître es lo que hoy conocemos como la teoría del Big Bang. Es decir que hubo un inicio del tiempo, y no existe un antes, el tiempo y el espacio tuvieron un principio. Lemaître fue también el primero en proponer la teoría de la expansión del Universo que hoy en día se conoce como las leyes de Hubble, en homenaje al físico estadounidense Edwin Hubble, quien las describió dos años más tarde que el sacerdote, por lo cual debieran ser llamadas leyes de Lemaître. Esta idea estaba enterrada en una de las ecuaciones de Albert Einstein, pero este no estuvo de acuerdo porque pensó que el Universo es estático, que no puede cambiar. Por el contrario, Lemaître demostró que el Universo se está expandiendo (las galaxias se separan entre sí) y esto lleva a la conclusión de que hace unos 15.000 millones de años las galaxias estarían unas sobre las otras y la densidad debería haber sido muy elevada. Penrose y Stefen Hawking demostraron que en las estrellas que se convierten en agujeros negros el espacio-tiempo está tan deformado que la luz no puede salir de ellos y el tiempo dejará de transcurrir en su interior. Einstein descubrió que la velocidad de la luz es uniforme, a pesar de que los observadores estén en movimiento, lo cual «exigió abandonar la idea de que hay una magnitud universal, llamada tiempo, que todos los relojes pueden medir.

En vez de ello, cada observador tendría su propio tiempo universal». Y esta fue la base de la teoría de la relatividad. (HAWKING, 2003)

Mauthner consideraba al tiempo la cuarta dimensión de la realidad. Según él, el punto cero para la extensión del tiempo es siempre nuestro presente y permanece en nosotros mientras seguimos viviendo en el tiempo. En definitiva, sólo somos en el instante presente. Borges adhiere a este concepto: no somos otra cosa que tiempo, que está hecho de memoria, por lo cual *existir es ser tiempo*. Su "Historia de la Eternidad" es, en buena medida, un homenaje a Platón para quien el tiempo es la imagen de la eternidad en movimiento. Aún así, no existe la eternidad porque en algún momento todo empezó, y a ese momento lo llamamos Bing Bang.

Muchos han pensado que el tiempo es progresivo, para otros, cíclico. Pero también existe el planteo de Bradley, que Borges citaba: «El presente es el instante en que el futuro se disgrega en pasado. Es decir, que el tiempo viene desde el porvenir hacia nosotros. No desde el pasado. En el momento en que se disgrega en presente, el futuro que se hace pasado es el presente» (BORGES - CARRIZO 1982). Borges interpreta del mismo modo la frase de Unamuno "aquel mañana eterno cuyo manantial es el futuro", ya que podría entenderse que el manantial estaba en el porvenir y que nosotros vivimos contra la corriente. Reelabora una idea de Bradley y de Dunne: «Hacia el porvenir preexistente (o desde el porvenir preexistente, como Bradley prefiere) fluye el río absoluto del tiempo cósmico, o los ríos mortales de nuestras vidas».

Borges afirma que *el* tiempo no existe, aunque en realidad se refiere a que no existe *un* tiempo. Pero, ¿cuál o cómo es el tiempo que no existe? Si se reconocen el pasado y el posible futuro, se reconoce la existencia del tiempo. Por lo tanto, Borges no se refiere a lo que comúnmente llamamos tiempo, sino a la imposibilidad de comprenderlo y capturar su esencia. ¿Hay un *solo* tiempo? Los humanos, de acuerdo con nuestra visión antropocéntrica, "medimos" el tiempo en función de la traslación de nuestro planeta alrededor de su estrella, el Sol. Ni aún así podemos ser exactos. Los romanos, con su calendario lunar, agregaban un mes completo de febrero cada vez que era necesario para organizar la agricultura, debido a la posición de la Tierra con respecto al Sol. Con el actual calendario gregoriano agregamos un día cada 4 años, y hasta hemos hecho obligadamente un agregado en el año 2000, que no correspondía. ¿Cómo medir el tiempo en un planeta que da la vuelta alrededor de su estrella en lo que para nosotros es un día? (Ese planeta existe y está descubierto). En realidad, Borges comprende que el tiempo es una percepción humana, más que un hecho objetivo real. Y plantea hipótesis. «No podemos prescindir del tiempo. Nuestra conciencia está continuamente pasando de un estado a otro, y ése es el tiempo: la sucesión… Podríamos imaginar otras series de tiempos. ¿Por qué imaginar una sola serie de tiempo? …La idea de que hay muchos tiempos y que esas series de tiempos —naturalmente que los miembros de las series son anteriores, contemporáneos o posteriores entre sí— no son ni anteriores, ni posteriores, ni contemporáneas. Son series distintas. Eso podríamos imaginarlo en la conciencia de cada uno de nosotros. Podemos pensar en Leibniz, por ejemplo. La idea es que cada uno de nosotros vive una serie de hechos, y esa serie de hechos puede ser paralela o no a otras. ¿Por qué aceptar esa idea? Esa idea es posible; nos daría un mundo más vasto, un mundo mucho más extraño que el actual. La idea de que no hay un tiempo. Creo que esa idea ha sido en cierto modo cobijada por la física actual, que no comprendo y que no conozco. La idea de varios tiempos. ¿Por qué suponer la idea de un solo tiempo, un tiempo absoluto, como lo suponía Newton?». (BORGES, 1978)

Este es el momento de comentar nuevamente la narración inversa (del futuro al presente), artilugio literario que le permite a Borges profundizar el debate acerca del tiempo. En "El examen de la obra de Herbert Quain" agrega, casi al pasar, una nota al pie:

> «Un interlocutor del *Político* de Platón, ya había descrito una regresión parecida: la de los Hijos de la Tierra o Autóctonos que, sometidos al influjo de una rotación inversa del cosmos, pasaron de la vejez a la madurez, de la madurez a la niñez, de la niñez a la desaparición y la nada. También Teopompo, en su *Filípica*, habla de ciertas frutas boreales que originan en quien las come, el mismo proceso retrógrado... Más interesante es imaginar una inversión del tiempo: un estado en el que recordáramos el porvenir e ignoráramos o apenas presintiéramos el pasado».

Esta narración lleva una vez más a Borges a reafirmar una negación del tiempo, consecuente con su filosofía idealista, al cual considera una ilusión más real que nosotros.

Borges comentó también a J. W. Dunne, quien en su obra "Un experimento con el tiempo" narró su experiencia onírica y concluyó que existen elementos precognitivos. profundizando en el concepto de serialismo: durante la vigilia, pasado, presente y futuro son simultáneos aunque los experimentamos en forma secuencial debido a nuestra percepción mental; durante el sueño, en cambio, la mente no está encadenada de este modo y es capaz de percibir acontecimientos del pasado y del futuro con la misma facilidad. Dunne postuló la *regresión infinita*, series de dimensiones que existen *dentro* del tiempo, proporcionando en algún momento del presente extensiones en el pasado y el futuro. Las ideas sobre el sueño fueron retomadas por Jung, y Borges fue uno de los escritores que las incluyeron en sus obras.

El tiempo es más real que nosotros ya que, según Borges, nuestra sustancia es el tiempo, estamos hechos de tiempo: es la *idea del yo como memoria* que perdura, y de todo lo demás que cambia. «Para un idealista lo esencial es ese soñarse que llamamos el tiempo, es el proceso cósmico».

San Agustín rechazó el tiempo cíclico o repetitivo, ya que según su concepción teológica la cruz de Cristo nos salva del laberinto circular de los estoicos, «idea que su más tardío mentor, Nietzsche, llama "el eterno retorno"... El que jugó con esa idea, también, fue Cicerón en el libro "La naturaleza de los dioses". Salvo que Cicerón imagina infinitos mundos contemporáneos... Es decir, que él lleva al espacio la Idea que los estoicos llevan al tiempo». (BORGES, 1982)

Si se admitiese el infinito temporal y espacial, el conocimiento sería progresivo, pero si pensamos que existen ciclos el conocimiento es siempre regresivo, es una ilusión.

Pitágoras habría sido el primero en afirmar que el conocimiento existe en un cosmos, con un orden basado en leyes matemáticas. Creía solamente en los números enteros y en las fracciones periódicas de modo que las escalas y los períodos se repetían cíclicamente. Rechazaba la existencia del cero porque lo que no existe no tiene nombre y, como consecuencia tampoco aceptaba la existencia de números negativos; de ese modo, involuntariamente, atrasó por varios siglos el advenimiento de la matemática más evolucionada en Europa. Para Pitágoras, no hay eternidad en el tiempo, sino ciclos. Borges, opuesto a la idea de Pitágoras en cuanto al tiempo circular, lo homenajea en su poema "La noche cíclica":

«Lo supieron los arduos alumnos de Pitágoras: los astros y los hombres vuelven cíclicamente; los átomos fatales repetirán la urgente Afrodita de oro, los tebanos, las ágoras.
«En edades futuras oprimirá el centauro con el casco solípedo el pecho del lapita; cuando Roma sea polvo, gemirá en la infinita noche de su palacio fétido el minotauro.
«Volverá toda noche de insomnio: minuciosa. La mano que esto escribe renacerá del mismo vientre. Férreos ejércitos construirán el abismo. (David Hume) (...)
«No sé si volveremos en un ciclo segundo como vuelven las cifras de una fracción periódica; pero sé que una oscura rotación pitagórica noche a noche me deja en un lugar del mundo (...)

> «Vuelve la noche cóncava que descifró Anaxágoras; vuelve a mi carne humana la eternidad constante y el recuerdo ¿el proyecto? de un poema incesante: "Lo supieron los arduos alumnos de Pitágoras"…»

Cuando Borges se refiere a la fracción periódica recuerda a Pitágoras y a sus discípulos, porque uno de ellos logró deducir la raíz cuadrada de 2, que arroja como resultado una fracción infinita que carece de período, lo que constituye una fracción aperiódica. Ese resultado no se ajusta a la "racional" idea pitagórica de ciclos, por lo cual los números no cíclicos, como la raíz cuadrada de 2, fueron llamados *álogos*, es decir "irracionales". Todavía los denominamos así. El poema borgeano finaliza con las mismas palabras con la que comienza: «Lo supieron los arduos alumnos de Pitágoras…», es decir se reinicia el ciclo.

En un cuento repleto de referencias eruditas escondidas, "Los teólogos", Euforbo, creador de una supuesta herejía, es un personaje ficticio y también es ficticia la secta de los monótonos (o anulares) que lideraba. En cambio, el nombre Euforbo corresponde a un héroe troyano muerto por Menelao, quien ofrendó en Argos el escudo de Euforbo. Cuenta la leyenda que Pitágoras visitó seis siglos más tarde ese santuario y reconoció el escudo, por lo cual sus seguidores interpretaron que su guía era una reencarnación de Euforbo. Pitágoras sí fue el creador de una secta. Lo cíclico está presente en Pitágoras como supuesto retorno de Euforbo.

El poema también menciona a Anaxágoras, el presocrático a quien se adjudica haber creado el término con el cual designar el pensamiento o la mente: *nous*. Este fue uno de los conceptos fundamentales de la filosofía griega clásica; designaba la concentración universal de todos los actos de la conciencia y del pensar existentes. Para este filósofo el Universo fue creado y diseñado por una mente racional. La mención de la noche *cóncava* de Anaxágoras remite a la *unánime* noche del mago de "Las ruinas circulares". Según Anaxágoras, en los elementos del Universo se encuentran todas las cualidades posibles de todas las cosas. Todo se compone de un número quizá infinito de *homeomerías,* como denominaba a las unidades primarias de todo lo que existe: en todo está contenida una parte de todo. Una vez más, idealismo en estado puro, que Borges tanto admiraba.

Hagamos una digresión para ver cómo la filosofía idealista de Borges es desarrollada en "Tlön, Uqbar, Orbis Tertius": la "idea" crea lo que percibimos como "realidad". En el cuento la conjunción inicial de un espejo con una enciclopedia tiene un efecto de potenciación: ambos reflejan el mundo, aunque con variable grado de falacia. El inicio da la clave de la totalidad: «Debo a la conjunción de un espejo y de una enciclopedia el descubrimiento de Uqbar». Narra lo que vio en un *espejo* en *conjunción* con una *Enciclopedia falsificada.* Por su esencia, todo espejo es reflejo, no es la realidad sino el modo en que nos la muestra y conjunción es la ubicación en la esfera celeste de dos astros que se encuentran sólo aparentemente cerca uno del otro. La enciclopedia, reflejo incompleto y a veces falaz del conocimiento y de la historia, es el círculo o ciclo de enseñanza. Reflejo, falsificación, conjunción y ciclo es un juego de cuatro factores que inciden en nuestra percepción de la realidad. «Como los antiguos agnósticos, a quienes debe tanto, Borges teme al espejo por su poder de impía reproducción e intensificación, su creación de otro mundo que podría razonablemente usurpar... el mundo tal como lo conocemos». (ST. ARMAND, 1980)

En Tlön los sabios han establecido que ni el espacio ni el tiempo tienen continuidad, por lo cual tampoco existe vínculo alguno entre acontecimientos. Esta es la razón por la cual en Tlön no hay forma de concebir las nociones de identidad y causalidad, y las ciencias, tal como han sido definidas por la modernidad humana, son impracticables. Por esa carencia de continuidad témporo-espacial, en Tlön ciertas acciones son imposibles: *perder* y *encontrar.* Todo objeto carece de continuidad en el tiempo y de identidad en el espacio, por lo tanto es imposible que desaparezca, se pierda o sea reencontrado. Nada se pierde, sino que ha sido olvidado. Nada es encontrado, sino que se lo ha recordado. La solución está al alcance de cualquiera, ya que con sólo pensar en el objeto aparece algo que simula ser similar, pero de ningún modo se puede aceptar que es el anterior. Es una creación humana a través del pensamiento y se llama "hrönir".

El discurso, producto del lenguaje, tiene carácter metafísico: los hrönir, pensados por los habitantes de Tlön, se convierten en objeto físico. El símbolo lingüístico *es* objeto. Más aún, en las regiones más antiguas de Tlön, objetos perdidos pueden ser duplicados. Por ejemplo, dos personas buscan un lápiz; la primera lo encuentra y no dice nada; la segunda encuentra un segundo lápiz, no menos real pero más ajustado a su expectativa. Borges lleva la Idea más allá de lo que lo hizo Platón.

El ser humano *es* en el instante, lo demás fue pasado o podría ser futuro, pero los instantes son captados como inexistente *continuum*. La cronología, es decir el ordenamiento del tiempo, es un *constructo* humano, lo único real sería el instante. No se trata de una sucesión causal de instantes, ya que estos pueden repetirse en cualquier momento. En su "Nueva refutación del tiempo", Borges lo explica de este modo: «El tiempo es la sustancia de que estoy hecho. El tiempo es un río que me arrebata, pero yo soy el río; es un tigre que me destroza, pero yo soy el tigre; es un fuego que me consume, pero yo soy el fuego. El mundo, desgraciadamente, es real; yo, desgraciadamente, soy Borges.»

En el poema "Alguien sueña" dice «¿Qué ha soñado el tiempo hasta ahora, que es, como todos los ahoras, el ápice?». Todo momento es ahora. Para quien esto escribe *ahora* es el momento en que lo escribí y para un supuesto futuro lector ahora será el momento en que lo lea, pero aquel ahora ya es pasado para mí y no jamás existió para quien no lo haya leído. El tema es entender a la historia como un sueño del tiempo. El último verso afirma que el tiempo "Ha soñado a Alguien que lo sueña". (BORGES, 1984) Se ha afirmado que aquí Borges admite la existencia de Dios. Interpreto que no es eso necesariamente lo que afirma el verso, sino que se trata del sueño que sueña al soñador y viceversa, idea recurrente en Borges y que indica su perplejidad metafísica. Somos quienes sueñan a Aquel que nos sueña: todos somos sueño, el Universo todo no es más que un gran sueño.

Su opinión es categórica con respecto al instante, ya que lo que soñamos es no menos momentáneo que lo que vivimos y nuestra vigilia no menos momentánea que nuestro sueño. «Gilles Deleuze se sintió fuertemente atraído por la obra del escritor argentino. En la imagen de un laberinto en línea recta vio una metáfora de la revolución kantiana del concepto del tiempo: el tiempo ya no es la medida del movimiento, ya no se subordina al movimiento, no es "curvado" por el movimiento, sino que el movimiento se subordina al tiempo, a un tiempo independiente, a un tiempo "unilineal y rectilíneo"». (CHERNIAVSKY, 2012)

Si todo tiempo es solamente el presente, el pasado es la *memoria* que de él tenemos y el futuro una suposición o probabilidad: el tiempo es una delusión. Desarrolla el concepto en "Nueva refutación del tiempo": «La indiferencia e inseparabilidad de un momento de su aparente ayer y otro de su aparente hoy, basta para desintegrarlo».

En el poema "El instante", dice: «El presente está solo. La memoria / erige el tiempo. Sucesión y engaño / es la rutina del reloj. El año / no es menos vano que la vana historia.»

"Hasta ahora nadie, que yo sepa, ha vivido en el pasado o en el porvenir; cada uno vive en el presente, en su presente. Y ese presente es de muy difícil definición; precisamente porque es algo que está tan cerca de nosotros, es invisible, y tan diverso que es inexplicable", concepto que corresponde a Schopenhauer, aunque no lo haya mencionado. (BORGES - FERRARI, 2023) Cuando cita a Lucrecio, a quien califica como materialista entusiasta, nos recuerda su frase «Yo voy a morir y el mundo continuará». Y curiosamente, ese concepto de la infinitud del mundo, ese concepto de lo infinitamente grande, de lo infinitamente pequeño, que hacía sentir una suerte de vértigo a Pascal, más bien lo entusiasmaba a Lucrecio: la idea de un espacio infinito, de infinitos mundos. (BORGES – FERRARI, 2023)

La estructura, la geometría precisa y canónica, el empleo de las palabras en su sentido etimológico y el uso amplio de religiones y mitologías (si entre ellas existiesen diferencias) constituye un nutriente fértil para la creación literaria de Borges. "Si tuviera que decir quién realizó perfectamente en la narrativa el ideal propuesto por Valéry de la exactitud de la imaginación y del lenguaje y quién construyó obras correspondientes a la geometría rigurosa del cristal, diría sin dudar: Jorge Luis Borges. [...] cada texto contiene un modelo del universo o de una característica del universo: el infinito, lo innumerable, el tiempo, eterno y copresente o cíclico; porque siempre son textos contenidos en pocas páginas, con una deslumbrante economía de expresión [...]. Por ejemplo, el más asombroso ensayo sobre el tiempo, *El jardín de senderos que se bifurcan*, se presenta como un relato de espionaje o novela policial que incluye un relato lógico-metafísico, que incluye a su vez la descripción de una exterminada novela china, y todo está concentrado en unas doce páginas". (CALVINO, 1990) Pero todo relato policial, desde la óptica de la incredulidad, resulta ser una metáfora epistemológica de la filosofía, es decir del fracaso permanente del intento de ofrecer soluciones racionales a problemas insolubles. (CASTANY PRADO, 2012)

Al filósofo francés Deleuze, el mismo cuento «le ha servido luego para tareas tan diferentes como ilustrar la idea leibniziana de mundos incomposibles y el empleo del flash-back en el cine de Mankiewicz». (CHERNIAVSKY, 2012)

Borges destaca: «Me detuve como es natural, en la frase: Dejo a los varios porvenires (no a todos) mi jardín de senderos que se bifurcan. Casi en el acto comprendí; el jardín de senderos que se bifurcan era la novela caótica; la frase varios porvenires (no a todos) me sugirió la imagen de la bifurcación en el tiempo, no en el espacio». (BORGES, 2023)

La idea de tiempos simultáneos y alternativos ha sido un debate científico, aún no resuelto. Hugh Everett III (1930-1982), brillante matemático y físico teórico, desarrolló, entre otros, programas de inteligencia artificial (en ese momento no se los denominaba de este modo) que permitían calcular la trayectoria de misiles de largo alcance y modelizó la cantidad de muertos que produciría la lluvia de cada bomba atómica. Según él, «la "trayectoria" de las configuraciones de la memoria de un observador que realiza una serie de mediciones no es una secuencia lineal de configuraciones de la memoria sino un árbol que se ramifica, con todos los resultados posibles que existen simultáneamente». Todas las ramas tienen la misma importancia. Vivimos, pues, en un Cosmos en el que hay una infinidad de universos paralelos y Borges parece ser el primero en formular una alternativa al tiempo lineal, o al menos la más aproximada a la teoría de Everett. (ROJO, 2013) La interpretación de los muchos mundos (simultáneos o superpuestos) es un tema que plantea cuestiones esenciales desde el punto de vista epistemológico. Resulta asombroso que Borges haya escrito sobre el tema del tiempo que se bifurca mucho antes que la teoría de Everett se hiciera famosa, ya que cuando ésta se publicó pasó inadvertida o fue considerada un alocado error del autor.

Es muy famoso que Einstein dijo: Dios no juega a los dados. Sin embargo, Stephen Hawking ha escrito: «Todas las evidencias demuestran que Dios es un jugador impenitente… Como el universo va lanzando los dados para ver qué pasará a continuación, no tiene una sola historia, como se podría esperar, sino que debe tener todas las historias posibles, cada una de ellas con su propia probabilidad. Debe haber una historia del universo en que Belice ganara todas las medallas de oro en los Juegos Olímpicos, aunque quizá la probabilidad de ello sea muy baja». (HAWKING, 2003)

Borges desarrolló en varios cuentos, sin conocerla, la teoría actual sobre los tiempos divergentes y simultáneos. «En todas las ficciones cada vez que un hombre se enfrenta con diversas alternativas, opta por una y elimina las otras; en la del casi inextricable Ts´ui Pên, opta, simultáneamente, por todas. *Crea,* así, diversos porvenires, diversos tiempos, que también proliferan y se bifurcan». En el mismo cuento, "El jardín de los senderos que se bifurcan", aparece el tema de la coexistencia de tiempos diferentes: cuando el espía llega a la estación de tren le dicen que para dirigirse a la casa que busca tome el camino hacia la izquierda y gire siempre hacia la izquierda en cada encrucijada (debe descartar todos los senderos que se dirijan hacia la derecha, lo mismo que sucede en el extraño laberinto de Abenjacán, el bojarí); ya en casa del Dr. Albert, el jardín tiene senderos que se bifurcan y el propietario lo guía a través de ellos (alguien elige cuál tomar y cuál descartar); pero los auténticos senderos, en sentido metafórico, son los que Ts´ui Pên había desarrollado en una novela desconocida (e inexistente): "Los senderos del tiempo que se bifurca". Resulta llamativo que las ramas del tiempo (o de la vida, que es tiempo) se bifurquen y que siempre sea necesario elegir una de las opciones que se nos presentan. Cuando Borges sostiene que el destino de cada hombre está prefijado por las opciones que elige en cada momento de su vida, se refiere a algo análogo a los mundos superpuestos o múltiples. Mucho antes, aunque de un modo determinista, Cicerón aseguraba que el destino no es aquello que así se llama en sentido supersticioso sino lo que así filosóficamente se denomina, causa eterna de las cosas por la cual no sólo fueron hechas las cosas pasadas y se hacen las que se están haciendo sino también se harán las que han de venir.

Borges analizó la teoría asiática del tiempo circular: la transmigración de las almas implica la existencia de ciclos en los cuales las almas se transforman, mejoran o empeoran, se modifican, no son las mismas ni son idénticas. Según él esta teoría fue mal interpretada por los griegos, para quienes en los ciclos todo se repite, son exactamente iguales.

Tampoco podemos imaginar que el tiempo sea infinito (como ya lo había dicho Kant). Pero la concepción budista de que cada vida está determinada por el karma tejido en su vida anterior implica la existencia de un tiempo infinito. La eternidad es una ambición del hombre: la idea de vivir fuera del tiempo. Es la muy aventurada hipótesis de que existe un «instante y en ese instante confluyen todo el pasado, todo el presente y todo el porvenir». La posibilidad de la eternidad no sería algo futuro, sino que estaría siempre presente en nosotros como futurible y a veces como futurable. Es decir: el *ser*, sería *eterno*. La eternidad sería contemporánea y abarcaría el pasado y el porvenir. Si el tiempo es infinito, nuestro sueño y nuestra vigilia son momentáneos.

En "El Aleph" la eternidad consiste en la hipótesis de que existe un instante de infinitesimal dimensión en el cual confluyen todo el pasado, todo el presente y todo el porvenir, vistos desde todos los ángulos posibles, en un punto que el escritor-relator (en este caso la misma persona) logra conocer. Calvino destaca esta idea borgeana del concepto de "infinito", reemplazada por la densidad de lo infinitesimal. (CALVINO, 1990). En "El tiempo y J. W. Dunne", Borges explica que «Los teólogos definen la eternidad como la simultánea y lúcida posesión de todos los instantes del tiempo y la declaran uno de los atributos divinos». En su breve ensayo "La Creación y P. H. Gosse" intercala una frase de John Stuart Mill: «...bastaría el conocimiento perfecto de un *solo instante* para saber la historia del universo, pasada y futura». Observar lo que el Aleph contiene (ese *solo instante* que es eternidad) es atributo divino, y por lo tanto prohibido al hombre, pero Borges salva lo que podría ser un grave inconveniente suponiendo que vio un Aleph falso. Aleph es la primera letra del alfabeto hebreo y también el símbolo de Dios. Lo que Borges encuentra en el sótano no es la imagen del infinito sino más bien la experiencia del ver, y subraya la pluralidad infinitesimal de las miradas en el tiempo. (BORSO, 2008)

Agregaría que encuentra el saber total y absoluto, el conocimiento prohibido, tal como sucede con el árbol cuyos frutos están prohibidos a Adán y Eva. La idea de que todo el Conocimiento divino puede ser alcanzado en un instante aparece también en el cuento "La escritura del Dios", que forma parte del libro "El Aleph". El personaje vio una Rueda *(sic)* infinita, hecha de agua y de fuego: «Entretejidas, la formaban todas las cosas que serán, que son y que fueron, y yo era una de las hebras de esa trama total», y finaliza la enumeración de lo visto de este modo: «Vi infinitos procesos que formaban una sola felicidad y, entendiéndolo todo, alcancé también a entender la escritura del tigre» (aunque debiéramos leer la escritura de Dios).

La rueda se asocia a la perfección que sugiere el círculo, el devenir cíclico, algo en continuidad, aunque no exento de contingencias. El simbolismo de la rueda está estrechamente asociado a su movimiento y a su disposición radial, refiriéndose también a la espiral. En esa medida, la rueda representa el mundo, que es como una rueda dentro de otra rueda, o una esfera dentro de otra esfera. Por ello la rueda, concepto muy utilizado por Borges, simboliza a los ciclos, los nuevos comienzos, las renovaciones. La palabra *zodiaco* significa, etimológicamente, rueda de animales. Como expresión de la evolución cósmica y personal representa el centro cósmico y el centro místico. Rueda es cambio y movimiento.

FILOSOFÍA DE LAS MATEMÁTICAS

Borges tuvo especial predilección por temas matemáticos y geométricos, en particular la existencia o no del infinito espacial y del temporal, y del orden cósmico. «Si usted empieza a enumerar cifras, usted tiene que empezar por una cifra par o por una cifra impar, porque no hay otras. De modo que eso ya es un orden... Vamos a suponer que usted hace una larga enumeración de cifras; empieza por un número impar, y concluye por un número impar: ya hay una simetría. Usted empieza por un número impar y concluye por un número par: ya hay un contraste, ya no es caótica. Las cosas tienden a la forma". Borges leyó y releyó a Bertrand Russell, destacado filósofo matemático, quien publicó en 1919 su "Introduction to Mathematical Philosophy". En este libro fundamental, Russell explica que hay dos direcciones opuestas para el estudio de las matemáticas: una es la dirección constructiva (u ordinaria), de complejidad creciente; la otra consiste en analizarlas cada vez con mayor y mayor grado de abstracción y simplicidad lógica, procedimiento que caracteriza a la filosofía matemática. Si aceptamos que la serie de números naturales comienza en cero (hecho no aceptado por Pitágoras, para quien no podía tener nombre aquello que no existe) es fácil comprender el orden creciente de todos los números, que consiste en la adición de 1 a cada número para encontrar su sucesor. No es lo mismo en el caso de los negativos (cuya existencia tampoco aceptaba Pitágoras). Russell toma por ejemplo una serie que comienza en -1 (menos uno), y luego sigue con fracciones que se acercan a 0 (cero) y lo superan hasta llegar a 1 (uno). En este caso -1/8 no es el sucesor de 1/8, porque entre uno y otro existen infinitas fracciones, salvo que expresamente se decida tener en cuenta un número limitado (finito) de fracciones. Aquí entra el concepto de *finitud* y el de *infinitud*, que tanto preocupaban e inspiraron a Borges. Otro concepto esencial en filosofía matemática es el del *orden*. En el caso de fracciones o de números reales, por ejemplo, existe un orden de magnitud. El orden de los puntos de una línea es esencial en geometría, como lo son el orden de las líneas que atraviesan (comparten) un punto en el plano o el de los planos que comparten una misma línea. Las dimensiones en geometría son el desarrollo del orden, y éste resulta muy importante para Borges: orden (cosmos) versus desorden (caos). Debe ser destacado que un conjunto de términos no tiene un solo orden, sino múltiples. (RUSSELL, 1920) Por eso resulta intencionalmente tan absurda y delirante la clasificación de animales en "El idioma analítico de John Wilkins": es imposible ordenar términos incoherentes entre sí, no se trata de un orden sino de un caos.

La clasificación de animales propuesta por la supuesta enciclopedia china – Emporio Celestial de Conocimientos Benévolos, ya indica, según Duayer, «de manera inequívoca su convicción sobre la objetividad de nuestro conocimiento y, por extensión, sobre la objetividad de la ontología que él siempre subentiende. De hecho, la ambigüedad, la deficiencia y, sobretodo, el antropomorfismo de las clasificaciones expresa el carácter social, histórico y, por lo tanto, falible de las nociones ontológicas en las cuales, cada vez, nuestra práctica está basada». (DUAYER, 2014)

Euclides sentó las bases del conocimiento del espacio, describiendo tres dimensiones. Platón describió y enumeró los que, en su honor, llamamos "sólidos platónicos". Borges empleó en sus obras muchas veces la palabra *enciclopedia*. Esta deriva del griego y significa educación circular o círculo de aprendizajes. Una vez más la idea de la estructura y del movimiento circular, la idea del orden cósmico. Recurrió a explicaciones originadas incluso en el mismo siglo XX, es decir que estaba actualizado en el tema. «En no pocos instantes de su obra íntegra descubrirá, no sin (auto)desafío, la presencia en el orbe del cálculo infinitesimal, las generalidades sobre límites, las series o progresiones infinitas, la probabilidad, la geometría o las paradojas. Cuestiones que subyacen en sus principales y recurrentes motivaciones y símbolos: el laberinto, cuya forma se urdió para extraviar a los hombres; los espejos, esos abominables multiplicadores de la realidad; el tiempo, la interminable serie de experiencias del hombre; el azar (el destino), con su indescifrable, intensificada e indeterminada subdivisión de hechos posibles». (GAVIDES JIMENEZ, 2017)

Borges admiraba la matemática y se «acercó a Ella para recrear, desde el rigor y la precisión, sus ideas sin renunciar a la ficción, la fantasía y la inventiva que constituyen la esencia de la creación literaria». (GUTIERREZ HOYOS, 2020) Ingresó al conocimiento matemático de la mano de dos grandes: Georg Cantor (1845-1918), reconocido como el creador de la Teoría de Conjuntos, y Bertrand Russell, uno de los mejores y más profundos lógico-matemáticos del siglo XX.

Cantor fue uno de los matemáticos más admirados, respetados y estudiados por Borges, probablemente por «trascender las fronteras de lo finito para domesticar una de las bestias mitológicas de la Filosofía, la Lógica y las Matemáticas: el infinito». Cantor demostró que existen varios infinitos, más grandes los unos que los otros. Borges no podía sino admirar a Cantor, aunque tan sólo sea por esta frase: "Yo veo esto, pero no lo creo", al descubrir que un segmento y un cuadrado tienen igual cantidad de puntos. En "La doctrina de los ciclos", capítulo de la "Historia de la Eternidad", menciona «a Georg Cantor y su heroica teoría de los conjuntos». Explica Borges que «conjunto infinito es aquel conjunto que puede equivaler a uno de sus conjuntos parciales». Hay infinitos. Al referirse a la fantástica enumeración de animales de la inexistente enciclopedia, Foucault escribió: «Jamás se logrará definir entre cada uno de estos conjuntos y el que los reúne a todos una relación estable de contenido a continente: si todos los animales repartidos se alojan sin excepción en uno de los casos de la distribución, ¿acaso todos los demás no están en éste? Y éste, a su vez, ¿en qué espacio reside?» (FOUCAULT, 1968)

El concepto de Aleph, introducido por Georg Cantor (1845-1918) para cuantificar los Conjuntos Infinitos, fue utilizado por Borges en narraciones en las que materializa y objetiva algunos infinitos como totalidades en acto. El término Aleph (primera letra del alfabeto hebreo) es un símbolo que, en matemáticas, se usa para referenciar a la cantidad de elementos que se encuentra dentro de un conjunto infinito. Pero en matemática, según descubrió Cantor, hay más de un infinito (más de un Aleph), siendo Aleph cero el cardinal infinito más pequeño y Aleph uno el siguiente. El Aleph no expresa orden o lugar, sino cardinalidad (número de elementos). Los números que usamos se dividen en contables (Aleph cero) y no contables (Aleph uno).

Bertrand Russell mostró a Borges «cómo las paradojas emergen de las contradicciones internas alojadas en los principios o en las definiciones sobre los que se construye una teoría y le enseñó a presentar alternativas para blindarla ante un posible ataque con formulaciones paradójicas». (GUTIERREZ HOYOS, 2020)

Así como el lenguaje hablado y escrito es un conjunto de símbolos, la matemática consiste precisamente en símbolos. Por lo cual diversos lenguajes, si son compartidos por la experiencia social, tienen igual validez. Borges menciona expresamente:

* el sistema duodecimal (dice que 12 se escribe 10), es decir el sistema de base 12 (o docenal): 12 unidades es una docena, 12 docenas es una gruesa, 12 gruesas, una gran gruesa.

* el sistema sexagesimal (dice que 60 se escribe 10), sistema de base 60. Sigue siendo muy utilizado en la actualidad: un minuto tiene 60 segundos y una hora 60 minutos, los ángulos se miden con este sistema, etc.

No menciona el sistema decimal. Sin embargo, Borges no podía ignorar que para los pitagóricos 10 es el número ideal porque es la suma de los primeros *cuatro* antecesores (10=1+2+3+4) y con ellos se puede construir una pirámide, con *cuatro* elementos en la base. ¡Cuatro, el nombre de Dios! Se ha dicho que, cuando a la edad de 99 años falleció su madre, una señora le dijo a Borges: «¡Qué pena que no haya llegado a los 100 años!», a lo cual el hijo en duelo habría respondido: «Señora, ¡cuánta preocupación tiene Usted por el sistema decimal!».

Una curiosidad sobre los números se encuentra en "Funes y el memorioso", quien ante el desagrado que le provocaba que «treinta y tres orientales»[2] requiriera dos signos y tres palabras inventó un sistema por el cual a cada número le adjudicó un nombre. «En lugar de siete mil trece, decía (por ejemplo) *Máximo Pérez*; en lugar de siete mil catorce *El Ferrocarril...* En lugar de quinientos, decía *nueve*» y así cada número tenía nombre. Aclara Borges: «Yo traté de explicarle que esa rapsodia de voces inconexas era precisamente lo contrario a un sistema de numeración. Le dije que decir 365 era decir tres centenas, seis decenas, cinco unidades, análisis que no existe en los "números" *El Negro Timoteo* o *manta de carne*». Es interesante aquí el uso de la palabra rapsodia para definir el seudosistema numeral de Funes. Por rapsodia entendemos, en general, una composición musical ecléctica que consiste en un ensamblaje o encadenado de partes de otras composiciones musicales o canciones. El estilo actual de la rapsodia es bohemio y casi siempre romántico, fusionando diversas gamas y estilos. En 1975, casi 30 años después de la publicación de "Ficciones", la obra de Borges que incluye el cuento que comentamos,

---

[2] **Treinta y Tres Orientales** es el nombre con el que se conoce a un grupo de próceres uruguayos que en 1825 llevaron a cabo una insurrección para reincorporar a la entonces llamada Banda Oriental, ocupada por Brasil, a las Provincias Unidas del Río de la Plata. La Banda Oriental se convirtió luego en la República Oriental del Uruguay.

se conoció la canción *Bohemian Rhapsody*, de Freddie Mercury, que entrelaza a Scaramouche (de "Las bodas de Fígaro de Wolfgang Amadeus Mozart"), al matemático y astrónomo Galileo Galilei, a Fígaro (personaje de la ópera "El barbero de Sevilla" de Rossini), a Bismillah (en árabe, «en el nombre de Dios») y a otros varios. En la antigua Grecia, *rapsoda* era quien declamaba parte de un poema épico, como podría ser la "Ilíada" o la "Odisea", y *rapsodia* era el nombre dado a ese fragmento. A veces, en literatura, la palabra rapsodia tiene un sesgo peyorativo. Aunque no parece ser el caso, ya que Borges más bien destaca el carácter de incoherente fusión cultural (muchos números corresponden al nombre de personas, por ejemplo) y sobre todo la falta de una estructura lógica.

Dado su interés en algunas teorías de la época, Borges incluyó en la revista *La Urbe*, de la cual era director, artículos de su autoría sobre la cuarta dimensión, la teoría de los conjuntos y las paradojas de Zenón de Elea, intentando llegar con temas muy avanzados para esa época a un público más amplio que el de las novedades literarias.

"La Biblioteca de Babel" describe al edificio como «un número indefinido, y quizá infinito, de galerías hexagonales». Agrega luego: «Yo afirmo que la Biblioteca es interminable. Los idealistas arguyen que las salas hexagonales son una forma necesaria del espacio absoluto o, por lo menos de nuestra intuición del espacio». Sin mencionarlo, Borges hace una exquisita referencia a Pascal y al Teorema que lleva su nombre. El Teorema de Pascal dice: «Si un hexágono arbitrario ABCDEF se encuentra inscrito en una cónica, y se prolongan los pares de lados opuestos hasta que se cruzan, los tres puntos en los que se intersecan se encontrarán ubicados sobre una línea recta». Este teorema, que Pascal enunció cuando tan sólo contaba con dieciséis años de edad, es también conocido como Teorema del Hexagrama Místico, es decir que una vez más Borges ha recurrido a una metáfora mística, en este caso a partir de la matemática. Y la ratifica cuando narra que surgió en la Biblioteca una secta blasfema que pretendió impedir el trabajo de los «buscadores oficiales, *inquisidores*».

Los matemáticos españoles Agustín Carrillo de Albornoz y Manuel de León destacan: «Una de las curiosidades del Teorema de Pascal es que dados 6 puntos, existen 60 maneras diferentes de construir exágono, de donde deducimos que dada una cónica existirán 60 rectas diferentes de Pascal». (CARRILLO, 2020) Y aquí regresamos al sistema sexagesimal y la profunda lógica que se esconde a la vista de todos.

También destacable el aporte de la teoría de conjuntos y la búsqueda de la estructura. Borges estuvo muy interesado en la teoría de conjuntos. El cuento "El informe de Brodie" menciona que los Mlch «cuentan con los dedos uno, dos, tres, cuatro, el infinito empieza en el pulgar. Lo mismo, me aseguran, ocurre con las tribus que merodean en las inmediaciones de Buenos-Ayres». Sin embargo, no tienen problema con su sistema numérico. Cuando los visitan mercaderes les ofrecen todo producto en conjuntos de cuatro. Por lo tanto, si comprasen o intercambiasen productos diferentes, al final de la operación tendrían un conjunto formado por subconjuntos de 4 unidades. Resulta interesante la comparación con tribus cercanas a Buenos Aires. El nombre de la ciudad está escrito en su forma arcaica *(Ayres)*, utilizada hasta inicios del siglo XVIII. Ubica así el relato, con cierta aproximación, históricamente. Además, Borges crea así un nuevo sistema numérico, con base 4.

Comentadas ya las analogías y diferencias con el Gulliver de Swift, "El informe de Brodie" puede ser leído también como referencia al antropólogo Claude Levi-Strauss (uno de los fundadores de la Asociación Internacional de Lingüística), ya que éste llevó a cabo investigaciones de campo acerca de las estructuras del parentesco en grupos aborígenes. En uno de sus trabajos contó con la colaboración del grupo Bourbaki. Este era el nombre ficticio de un inexistente *matemático "poldavo"*, con el cual sus integrantes encubrían a una sociedad secreta de matemáticos que existió en Francia a partir de la década de 1930 y que desarrolló la teoría de conjuntos, entre muchos otros estudios de su especialidad. El lema de esta sociedad era «todos deben interesarse en todo». Gracias a Bourbaki, Levi-Strauss pudo comprender el sistema de uniones matrimoniales empleado por algunas tribus, aplicando la teoría de conjuntos. Puede verse al respecto la obra *"Les structures élémentaires de la parenté"* ("Las estructuras elementales del parentesco"), publicada originalmente en 1949.

Borges se refiere de un modo indirecto: Tlön había sido creación de una sociedad secreta integrada por intelectuales y constituida a principios del siglo XVII, cuyo nombre era Orbis Tertius y su misión consistía en inventar un país imaginario. Tlön y Bourbaki eran ficciones. El cuento aquí comentado integra el libro "Ficciones", que Borges publicó en 1944.

La teoría matemática y las investigaciones en el terreno de la Física han aportado numerosas revelaciones, que Borges en muchos casos incorpora a sus obras. Existen proposiciones matemáticas *indecidibles*, no hay un infinito sino *infinitas distintas clases de infinitos*, no se puede asegurar que el Big Bang que dio origen al universo que habitamos haya sido el primero y menos aún saber si fue el último, es posible que cada agujero negro sea el "lugar" de origen de nuevos Big Bangs (porque la materia y la energía están muy fuertemente condensados en los agujeros negros, aunque la luz no puede salir de ellos), y como consecuencia puede ser que estemos coexistiendo con otros universos, en número por ahora desconocido, por lo cual ya no sería el *universo* sino el *multiverso* (también llamado *paisaje antrópico*). Muchas de estas afirmaciones son en realidad preguntas hasta el momento sin respuesta o conjeturas aún no validadas. Borges conoció aquellas que se desarrollaron en su tiempo, pero es asombroso que otras las predijera.

FILOSOFÍA POLÍTICA

El joven Borges vivió en Europa la conmoción de la Primera Guerra Mundial y de la Revolución Rusa. Al inicio, tuvo un enamoramiento casi romántico con esta revolución. Su poema "Himno del mar", publicado por la revista *Grecia* en 1919, perteneció a un libro que Borges destruyó, cuyo título habría sido "Los salmos rojos" o "Los ritmos rojos". Estaba constituido por una colección de poemas en verso libre. Su poema "Rusia" está escrito en estilo ultraísta y reproducido como texto narrativo en la revista *Grecia* en el año 1920. (BORGES, 1997) En palabras de Borges: «El invierno de 1919-20 lo pasamos en Sevilla, donde vi mi primer poema publicado. Se titulaba 'Himno del mar' y apareció en la revista *Grecia*, en el número del 31 de diciembre de 1919. En ese poema, hice mi máximo esfuerzo por ser Walt Whitman. Hoy difícilmente pienso en el mar, o en mí mismo, como hambriento de estrellas. Años después, cuando encontré una frase de Arnold Bennet, "lo grandioso, de tercera categoría", comprendí de inmediato lo que quiso decir. Y sin embargo cuando llegué a Madrid unos meses después, y como ése había sido el único poema mío publicado, la gente pensaba en mí como en un cantor del mar". (RODRIGUEZ MONEGAL, 1987) En una parte el poema dice:

«Hoy he bajado de la montaña al valle
y del valle hasta el mar.
El camino fue largo como un beso.
Los almendros lanzaban madejas azuladas de sombra sobre la
carretera
y, al terminar el valle, el sol
gritó rubios Golcondas sobre tu glauca selva: ¡Mar!

127

¡Hermano, Padre, Amado...!
Entro al jardín enorme de tus aguas y nado lejos de la tierra...»

Cuando Borges escribe «Hoy he bajado de la montaña al valle / y del valle hasta el mar» replica, sin decirlo, a Platón. "La República" se inicia con Sócrates diciendo: «Ayer bajé al Pireo». Más tarde, mientras Sócrates se dirige a su casa, Polemarco le comenta: «Oh Sócrates, no es frecuente que bajes al Pireo a vernos. No obstante, tendría que ser frecuente». Estas referencias de Platón simbolizan *bajar* desde las alturas del pensamiento filosófico, la abstracción y el culto a los dioses, hasta el puerto, allí donde se trabaja y se atienden los asuntos terrenales.

Pronto Borges abandonó el ultraísmo y ese romanticismo juvenil y comprendió los horrores de todas las dictaduras. Como amante de la libertad del individuo, Borges fue siempre un liberal, en el sentido de la tradición forjada por Locke y Kant. Definió a "Facundo" como la idea de la democracia -la civilización contra la barbarie- y a su autor, Domingo Faustino Sarmiento, como el máximo nombre de la literatura y de la historia argentinas. Representa de ese modo la esencia del sentido de la filosofía política liberal. Jamás fue un político ni alguien que buscara en ella provecho personal: «La verdad es que la política no me ha interesado, salvo en función de la ética. Es decir, si yo he intervenido en política, ha sido por razones éticas, pero nada más». (BORGES - FERRARI, 2023)

El periodista, escritor y poeta colombiano Valentín González-Bohórquez destaca que Borges jamás estuvo ausente del debate político: «Aunque él mismo acentuara que el objetivo de su escritura era el de "distraer o conmover y no persuadir" (como lo dice con engañosa candidez en el Prólogo de El informe de Brodie), resulta claro que en su narrativa y sus ensayos están latentes las tensiones políticas e ideológicas de esas décadas, expresadas a través de lo que podría denominarse una estética de la resistencia, y que bien pueden presentarse en forma directa en el texto o estar reflejadas a través de elucubradas metaforizaciones fictivas». (GONZÁLEZ-BOHORQUE, 2019)

Le aterraba la idea de un estado opresor, que llega irremediablemente a la criminalidad. «Se empieza por la idea de que el Estado debe dirigir todo; que es mejor que haya una corporación que dirija las cosas, y no que todo "quede abandonado al caos", o a circunstancias individuales; y se llega al nazismo o al comunismo, claro. Toda idea empieza siendo una hermosa posibilidad, y luego, bueno cuando envejece, es usada para la tiranía, para la opresión». (BORGES - FERRARI, 2023)

Borges elogiaba la visión del Estado de los ingleses Bertrand Russell y Herbert Spencer, a quien llamaba "uno de los padres del anarquismo" (su propio padre era anarquista spenceriano); y no dejaba de mencionar al idealista alemán Fichte y al escocés Carlyle. En realidad, Spencer fue el padre del "darwinismo social" (si tal cosa existe). Russell criticaba la filosofía de Spencer: «El evolucionismo, al basarse en la noción de *progreso*, que es un cambio de peor a mejor, permite, me parece, que la noción de tiempo se vuelva su tirano en lugar de su sirviente, y pierde por ello esa imparcialidad de perspectiva que es el origen de lo mejor del pensamiento y del sentimiento filosóficos. Los metafísicos, como vimos, han rechazado frecuentemente la realidad del tiempo en conjunto. Yo no quiero hacer eso; sólo pretendo salvaguardar el punto de vista mental que inspiró ese rechazo, la actitud que, en pensamiento, considera que el pasado tiene la misma realidad que el presente y la misma importancia que el futuro». (RUSSELL, 1987)

Russell tampoco fue estrictamente anarquista, aunque criticaba al Estado porque «hace una división totalmente artificial de la humanidad y de nuestros deberes hacia ella: hacia un grupo estamos obligados por la ley, hacia el otro sólo por la prudencia de los salteadores de caminos. El Estado se vuelve malo por sus exclusiones, y por el hecho de que siempre que se embarca en una guerra agresiva, se convierte en una combinación de hombres para el asesinato y el robo». (RUSSELL, 1938)

Spencer llevó a la teoría política las ideas darwinianas de «la supervivencia del más apto", aunque no excluía la ética. En el siglo XXI esa extrapolación darwiniana de la biología a lo social es central en la ideología de la llamada "Nueva derecha", y se la utiliza para impugnar las ideas de justicia social y equidad distributiva que plantean sus oponentes. No es lo que Borges, como liberal, soñaba y defendía.

Borges sostuvo una concepción filosófica de la política basada en un Estado que sólo actúe en lo imprescindible, un estado auténticamente liberal. En 1946 escribió: «El más urgente problema de nuestra época (ya denunciado con profética lucidez por el casi olvidado Spencer) es la gradual intromisión del Estado en los actos del individuo». En la década de 1980 reiteró sus conceptos: «Me definiría como un inofensivo anarquista; es decir un hombre que quiere un mínimo de gobierno y un máximo de individuo… El Estado nos cerca en todas partes… y además en los dos bandos; la extrema derecha, la extrema izquierda, son igualmente partidarias del Estado en cada instante de nuestra vida». (BORGES, 1982) En esta segunda cita, aunque no lo mencione, Borges parece aproximarse a las ideas de Ludwig von Mises quien renovó la filosofía económica liberal y fundó la Escuela Austríaca, y anticiparse a las del norteamericano Robert Nozick, quien en su libro "Anarquía, Estado y Utopía", publicado en inglés en 1974, sostiene que «El Estado mínimo es el Estado más extenso que se puede justificar. Cualquier Estado más extenso viola los derechos de las personas». (NOZICK, 1988) Esto significa que el Estado debe tener el tamaño y llevar a cabo los actos moralmente justificados.

El político liberal argentino Leandro N. Alem, líder en 1890 de una frustrada Revolución cívico-militar en Buenos Aires y fundador del Partido Unión Cívica Radical (de gran influencia en buena parte del siglo XX), pronunció un célebre discurso en 1880, en la Legislatura de la Provincia de Buenos Aires, en el cual dijo: «No gobernéis demasiado, o mejor dicho o mejor expresada la idea: gobernad lo menos posible. Si, gobernad lo menos posible, porque mientras menos gobierno extraño tenga el hombre, más avanza la libertad, más gobierno propio tiene y más fortalece su iniciativa y se desenvuelve su actividad». (ALEM, 1880) Borges se ubica en este concepto del pensamiento liberal como esencia de la libertad humana, y destacó siempre la necesidad de la conducta ética como imperativo principal: «Para mí el Estado es el enemigo común: yo querría… un mínimo de Estado y un máximo de individuo… Para eso se necesitaría una humanidad ética, y además una humanidad intelectualmente más fuerte de lo que es ahora, de lo que somos nosotros». (BORGES - FERRARI) Estos requisitos éticos e intelectuales que agrega Borges lo acercan aún más a Nozick. No se trata del anarcocapitalismo, sino de un Estado moralmente aceptable y una sociedad que a partir de actitudes éticas e intelectuales esté en condiciones de desarrollar tal tipo de Estado. «Yo creo que en un estado perfecto estaría prohibida, desde luego, la miseria, pero la riqueza también. Creo que son dos errores. Por eso me parece que los países de clase media son los mejores». (BORGES - CARRIZO, 1982)

En otras palabras, la filosofía política de Borges requiere un Estado mínimo que a su vez sólo es posible gracias a la existencia previa de la ética y el desarrollo intelectual de los ciudadanos. «Se tiende a exagerar la importancia del Estado ahora. No sólo la del Estado sino que todos pensamos que un país depende de su gobierno; y quizá los gobiernos no sean tan importantes, quizá lo importante sea cada individuo, o cada modo de vivir…. De ahí se llega al error de suponer que de todos los males es culpable el gobierno; quizá el gobierno esté tan perplejo y tan perdido como nosotros». (BORGES - FERRARI, 2023)

El párrafo anterior demuestra que la concepción liberal de Borges, debido a su fuerte impronta ética, no dejó a un lado la responsabilidad de los ciudadanos en el estado de cosas que criticaba. La construcción del bien común requiere un sentido de comunidad, que veía ausente en la sociedad argentina, y la falta de sentido de comunidad «es una forma de falta de ética, porque se piensa en función de fulano de tal, y ese fulano de tal suele ser uno mismo… y no en función de la ética, que es demasiado abstracta y general». Hizo amargos comentarios sobre sus conciudadanos. En 1946, publicó un breve ensayo sobre "Nuestro pobre individualismo". Dice allí que al argentino «aforismos como el de Hegel "El Estado es la realidad de la idea moral" le parecen bromas siniestras». Y en una nota al pie aclara: «El Estado es impersonal: el argentino sólo concibe una relación personal. Por eso, para él, robar dineros públicos no es crimen. Compruebo un hecho; no lo justifico o excuso». En "El libro de arena" escribió: «Cada día que pasa nuestro país es más provinciano. Más provinciano y más engreído, como si cerrara los ojos». (BORGES, 1975)

Borges no participó activamente en la política argentina, de la cual tenía una deplorable opinión. «La política es un mundo de ambiciones personales, de jerarquías, siempre complotando el uno contra el otro». (BORGES, 1985) Analizaba con tristeza que "un país hecho exclusivamente de vivos, tenía que llevar a la ruina… Cada uno piensa en su fortuna personal y en su destino personal. El resultado es la ruina general". (BORGES - FERRARI, 2023) Hablaba de la "viveza criolla", modismo argentino para hablar de la falta de ética y justificar la corrupción.

Borges admiraba a Kafka, particularmente sus obras "El castillo" y "El proceso", de las cuales sostenía que no podían tener un final. Es decir, destacaba dos novelas que describen la inextricable trama de la burocracia, símbolo del Estado que en todo se entromete. No por casualidad las escaleras y los laberintos físicos y psíquicos están presentes en esos trabajos. Por eso se ha creado el adjetivo "kafkiano", que según algunos diccionarios se refiere a una situación inquietante por su absurda o ausente lógica, casi surreal, que contiene un componente escalofriante. Kafka impactaba a Borges por el planteo de la existencia de un Estado asfixiante que anula al ser humano a través del ejercicio omnímodo del poder, que los ciudadanos asumen como normal y al cual se someten. Escribió Abelardo Castillo en sus "Memorias" que en una ocasión Borges le dijo que ambos tendrían algún parentesco lejano, ya que Borges deriva de *burg*, que antes de significar ciudad, o burgo, significó castillo. (CASTILLO, 2014) Hasta su apellido le recordaba indirectamente a Kafka.

Borges mismo explicó que en momentos difíciles se negó a participar en una revista porque en ella escribían autores nacionalistas: "Soy enemigo del Estado y de los Estados; y del nacionalismo que es una de las lacras de nuestro tiempo". (BORGES - FERRARI, 2023) Borges, a quien desmesurada y erróneamente se acusó de ser un hombre de la derecha argentina «golpista y antipatria», aparece como enemigo de todo nacionalismo. Su pensamiento en este tema resulta análogo, sin embargo, a alguien ubicado en otro extremo ideológico, Eric Hobsbawn, quien sostenía lo que él llamaba «curiosa posición» de rechazar, desconfiar, desaprobar y temer al nacionalismo allá donde exista, porque ni él ni ningún marxista podría ser marxista, según esa visión.

Borges, tuvo siempre posición conceptual tomada en la historia argentina: antirrosista (como lo fue activa e históricamente su familia en el siglo XIX) y antiperonista. Tanto Rosas como Perón fueron y son representativos del nacionalismo argentino. Durante el gobierno de Perón (1946-1955) soportó que su madre, su hermana y su sobrino fueran encarcelados por criticar públicamente al régimen y él, degradado de bibliotecario a inspector de puestos de ave de corral en las ferias callejeras. Para Borges, el peronismo fue un oprobio, y lo expresó así: "Nos levantábamos avergonzados cada mañana". (CASTILLO, 2014) Sentir vergüenza por lo que otros hacen es una forma extrema de sentir y practicar la ética, es decir el concepto kantiano de moral autónoma.

La madre de Borges narró que cuando era chica "iba a visitar a mis tías, tres viejitas que me adoraban y me llenaban de golosinas. Dos eran viudas, Rosas había hecho cortar las cabezas de sus respectivos maridos". La familia Acevedo tenía fundadas razones para su antirrosismo. (HADIS, 2022)

Mal podría sostenerse que Borges tenía una concepción política anarquista en la estricta semiótica del término, y mucho menos como un anarcocapitalista al estilo de Ayn Rand, quien llegó a escribir un libro cuyo título dice casi todo: "La virtud del egoísmo". La obra de Borges muestra, a lo largo de toda su extensión, la preocupación por el proceso histórico de la construcción del estado argentino, en el cual sus antepasados habían tenido intensa participación. El Estado-Nación, que ejerce su soberanía y se legitima como encarnación de la justicia, fue la conclusión del largo enfrentamiento entre civilización y barbarie. Borges estuvo siempre identificado con la primera. Por eso en reiteradas oportunidades dijo que el libro canónico argentino debiera ser "Civilización y barbarie" de Domingo Faustino Sarmiento y no el "Martín Fierro" de José Hernández, que Leopoldo Lugones promovió en su lugar, porque el libro de Sarmiento representa mejor a la generación que buscó y logró la integración como Nación, y por lo tanto el imperio de la ley.

El concepto argentino del estado como «inconcebible abstracción», según palabras de Borges, fue comentado de este modo por Mauricio Devoto en 2016 (DEVOTO, 2020): «Aquí, en el occidente liberal del sur, la consecución de los derechos parecería justificar, al fin y al cabo, la violencia con otros modos. Porque el desconocimiento de las responsabilidades y el desprecio por las leyes y las instituciones democráticas y republicanas, algo que Chantal Mouffe y su agonismo adversarial parecen desconocer como característico de estas latitudes, no permite construir una ciudadanía republicana, que es lo mismo que justificar un edulcorado todo vale de todos contra todos».

En Borges aparece con insistencia la geografía de la frontera, de los límites implícitos, de las orillas y de los bordes, donde los conflictos se manifiestan y resuelven por fuera de las leyes, es decir del Estado. Es así como se sucedían los malones de aborígenes y raptos, y es así como muchas veces el duelo era la única solución posible, ya que no existía autoridad que representase la ley. En "El atroz redentor Lazarus Morell", uno de los cuentos de "Historia universal de la infamia", «lo criminal se exaltaba hasta la redención y la historia». La muerte, como resultado de estos duelos, era la única forma de (in)justicia existente.

«La literatura de Borges está poblada de casos en que el diferendo se expulsa hacia la frontera; o, para decirlo de otra manera, en que la frontera se define como el lugar (o el lugar sin lugar) en el que se expulsa el diferendo, y se afianza así el territorio como lugar en el que se resuelven los litigios. Cuando el territorio es definido en términos de "jurisdicción", no se acaban solamente las montoneras y los compadritos de la historia argentina (dando paso a los ciudadanos, el ejército nacional, y la policía federal), sino que toda la "historia universal de la infamia" se reconfigura, y pasa a ser llanamente teleológico hacia el imperio de la Ley. Donde hay Ley hay principio categórico, que para re-afirmarse continuamente como tal debe proceder a eliminar el relato (que persiste como un virus en su seno)». (ROSENBERG, 2009)

En el "Poema conjetural" aparece Francisco Narciso de Laprida, quien presidió en 1816 el Congreso que consagró la independencia argentina de toda potencia extranjera y que años más tarde fue asesinado por sus adversarios políticos. Rodríguez Monegal sostiene que la madre de Borges descendía de Laprida, (RODRIGUEZ MONEGAL, 1987) pero estudios genealógicos modernos lo niegan. Borges dijo habló «de mi lejano pariente Laprida» (BORGES-FERRARI, 2023) y puso estas palabras en boca de Laprida: «Al fin me encuentro con mi destino sudamericano». En la conversación con

Ferrari reafirmó: «Sudamericano en el sentido más melancólico de la palabra, o más trágico de la palabra». La fortaleza de este concepto radica en su significado: triunfaron los bárbaros, ese parece ser el destino sudamericano (al menos en aquel momento histórico). Publicado por primera vez en 1943, este verso es una metáfora de lo que sucedía en el país, ya que ese mismo año se había producido el golpe de estado que llevó a Juan Domingo Perón al poder, cuya sombra se extiende hasta el presente y seguramente más allá. En el ya citado "Nuestro pobre individualismo" (capítulo de "Otras inquisiciones") asegura: «Sin esperanza y con nostalgia, pienso en la abstracta posibilidad de un partido que tuviera alguna afinidad con los argentinos; un partido que nos prometiera (digamos) un nuevo severo mínimo de gobierno».

En 1955, caído el peronismo, Borges participó en la creación de la Asociación Argentina por la Libertad de la Cultura, que incluía a escritores relacionados con la revista Sur –Victoria Ocampo, Eduardo Mallea, Guillermo de la Torre–, Bernardo Houssay (galardonado en 1947 con el Premio Nobel de Medicina), políticos e intelectuales socialistas, tales como Alfredo Palacios (presidente honorario de esta Asociación), Juan A. Solari, Nicolás Repetto, Américo Ghioldi, el historiador José Luis Romero y el filósofo Francisco Romero. La experiencia política fundamental que los unía era la difícil situación que habían atravesado durante los gobiernos peronistas. (NÁLLIM, 2012)

Su concepción liberal lo llevó a ser uno de los muy pocos firmantes de la primera solicitada aparecida en un diario argentino (*Clarín*) requiriendo a la dictadura militar genocida, en 1978, la aparición con vida de los desaparecidos. "Ante la situación de angustiosa incertidumbre por la que atraviesan los familiares de personas desaparecidas por motivos políticos y gremiales, nos solidarizamos -por razones de ética y de justicia- con el reclamo que formulan padres, hijos, cónyuges, hermanos y allegados para que se publiquen las listas de

desaparecidos y se informe sobre el paradero de los mismos".
También firmaban, entre otros, su amigo el escritor Adolfo
Bioy Casares, el filósofo comunista Héctor Agosti, el político
Oscar Alende, el radical Raúl Alfonsín (entonces futuro presidente), el dibujante Hermenegildo Sábat, el escritor Ernesto
Sabato (futuro presidente de la Comisión Nacional sobre Desaparición de Personas), la actriz Leonor Manso y los poetas
Francisco Madariaga y Olga Orozco. (Clarín, 13/08/1980).

Y en 1985 (el año anterior a su muerte) presenció el histórico juicio contra las Juntas Militares de la dictadura. El 22 de
julio de 1985, reinstaurada la democracia en Argentina, Borges presenció la declaración de un hombre preso y torturado
durante la dictadura militar genocida de 1976-1983. Escribió luego un texto, publicado por el diario *El País*, de Madrid, en el cual afirma entre otras cosas: «Yo, personalmente,
descreo del libre albedrío. Descreo de castigos y de premios.
Descreo del infierno y del cielo. Almafuerte escribió: "Somos
los anunciados, los previstos, / si hay un Dios, si hay un punto omnisapiente; / y antes de ser, ya son, en esa mente, / los
Judas, los Pilatos y los Cristos". Sin embargo, no juzgar y no
condenar el crimen sería fomentar la impunidad y convertirse,
de algún modo, en su cómplice. Es de curiosa observación
que los militares, que abolieron el código civil y prefirieron
el secuestro, la tortura y la ejecución clandestina al ejercicio
público de la ley, quieran acogerse ahora a los beneficios de
esa antigualla y busquen buenos defensores. No menos admirable es que haya abogados que, desinteresadamente sin duda,
se dediquen a resguardar de todo peligro a sus negadores de
ayer». (BORGES, 1985) En Argentina, este texto pasó desapercibido porque los movimientos de defensa de los derechos
humanos se opusieron a criticar a los movimientos guerrilleros
y mantienen desde entonces su visión.

El conjunto de las ideas de Borges en el campo de la filosofía política tiene una explicación histórica, que no por extensa
puedo omitir. Desde el inicio del proceso de independencia de

lo que luego sería la República Argentina (mayo de 1810) el país se dividió en dos facciones, que más de dos siglos después todavía se enfrentan: los representantes del liberalismo y los del nacionalcatolicismo. Borges jamás estuvo ausente en ese debate. La Primera Junta de Gobierno de 1810 incluía en su seno a ambas corrientes. No podía ser de otro modo: Iglesia y Rey de España fueran una misma entidad durante la época colonial, los reyes de España tenían todo el poder político y más poder religioso que el Papa. No había separación entre Estado e Iglesia y eso fue culturalmente heredado. Las guerras civiles fueron inevitables y ocuparon la escena política hasta 1880. En el siglo XX esa dicotomía se convirtió desde 1930 en golpes de Estado militares, de los cuales surgió en 1943 el peronismo. Borges lo resumió de este modo: "Los católicos (argentinos) creen en un mundo ultraterreno, pero he notado que no se interesan en él. Conmigo ocurre lo contrario: me interesa y no creo". (BORGES – FERRARI, 2023) Y de este otro: «Ser católico en Buenos Aires es ser nacionalista, franquista, es ser una cantidad de cosas» (SCHERER, 2024)

En 1960, con motivo de una de sus visitas a la Argentina el francés Raymon Aron escribió que hay tres tipos de economía: capitalismo, socialismo y argentina. En 2023 Guy Sorman recuerda esa frase y desarrolla el concepto: «El peronismo no es una ideología, sino una forma de patriotismo. La mayoría de los argentinos consideran que Argentina es un lugar, pero no necesariamente su patria». La consecuencia es que Argentina fue hundiéndose en la pobreza y el retroceso del subdesarrollo. Sorman lo explicita: «Los economistas han acuñado el término 'economía emergente' para los países en desarrollo; para Argentina, propongo el neologismo 'economía inmergente'. Espero equivocarme». (SORMAN, 2023)

El historiador italiano Loris Zanatta es otro de los académicos extranjeros que se interesó por el fenómeno, estudiando las relaciones de la Iglesia en la incubación del peronismo. En su opinión, lo que hizo el peronismo se parece en muchos aspectos al fascismo porque Italia, España, Portugal, Brasil, México y Argentina tenían un pasado de unanimidad religiosa, dominados por la contrarreforma: la unidad política coincidía con la unidad religiosa. El fascismo quiere el partido único y el peronismo quisiera haberlo tenido. Perón no ponía en el centro del orden social al individuo con sus derechos universales, sino a la sociedad de corporaciones. (ZANATTA 2002) El peronismo hizo una lectura de su historia como la que hacen las iglesias: todo el pasado tiene que ser relatado como una historia de la salvación. Perón sostenía que su programa social, económico y hasta internacional estaba basado en las encíclicas de los pontífices y creó una religión política. El peronismo se atribuyó ser el verdadero régimen cristiano, haber restaurado en la Argentina el reino de Dios en la Tierra. Nunca perdió su origen esencialmente religioso, de un movimiento que se considera una religión secularizada, como la religión de la Nación. El efecto: dividir al país en dos partes, nosotros y ellos, el Bien y el Mal. (MENDELEVICH 2020)

Ya en 1985 Borges advertía que «actualmente pueblo significa más bien la plebe... No es un error, ...es una astucia política, se entiende que es lo que mi abuela decía: "El pueblo soberano, rebosante de barbarie". Eso viene a ser el pueblo ahora, y no cada uno de quienes lo componemos, ya que todos somos parte del pueblo». (BORGES, 1985) En el siglo XXI el peronismo reforzó la idea de la antinomia pueblo / antipueblo, el Bien y el Mal. Las ideas de la filosofía política populista del argentino Ernesto Laclau y su esposa belga Chantal Mouffe sirvieron como nueva base de sustentación ideológica, que permitió al peronismo desarrollar la tesis del pobrismo, ya que los pobres serían los bienaventurados, los puros, los redimidos. Y con su política de subsidios masivos permanente llevó la pobreza en el país a límites inimaginables pocas décadas atrás. Empleó eso que Borges llamó "astucia política". No es casualidad que el Papa Francisco sea, según la visión argentina, simpatizante del peronismo y del pobrismo.

Es significativo, y vale ser destacado, el enfoque que asocia el pensamiento judeo-cristiano de Borges con su visión política, a partir del ensayo "Israel". «Borges retorna en parte a la cultura bíblica que precede al Nuevo Testamento en su reescritura del canon cristiano. Aunque poetizados como mera literatura, filojudaísmo, germanofilia y repudio del nazismo, Borges subvierte y problematiza los valores judeocristianos. En su asimilación literaria del cristianismo como religión judía se sustenta Borges en la lógica interna de las ideologías políticas, y en el alcance estético y filosófico del dogmatismo religioso y de las ideas doctrinales». (NAHSON, 2009)

Una visión muy amplia del pensamiento político de Borges incluye, según el argentino Plot, la acción política: «intervino en los conflictos de su tiempo, describió explícitamente acontecimientos políticos e interrogó la cuestión de la institución de la sociedad. Es en el último terreno que creo hizo sus contribuciones más permanentes a la cuestión de lo político». (PLOT, 2017)

Epílogo

Borges hizo aportes significativos a la teoría de la intertextualidad, al debate sobre la epistemología, la relación entre conocimiento y los límites de la simbología de todo lenguaje, lo infinito y lo infinitesimal, lo eterno y lo instantáneo, la memoria y el olvido. Su literatura es tolerante y antiautoritaria porque discurre en el marco de una actitud dubitativa, que estructura a partir de dilemas filosóficos, recurriendo muy habitualmente a temas ontológicos tales como el cuestionamiento de la realidad y la percepción, el tiempo, el yo, la vida y la muerte, el ser en mitos y creencias religiosas. Fue un escritor latinoamericano, con una perspectiva cosmopolita. Su fervor por Buenos Aires estuvo intacto toda su vida, pero eso no lo llevó a sentirse aprisionado por lo local. Su historia personal e intelectual fue cosmopolita, erudita y con incesante deseo de saber, dentro de los límites en que ello es posible.

Con la incredulidad como idea central de su orientación metafísica, mal se podría esperar que Borges escribiese un tratado de filosofía. Si lo hubiese hecho, seguramente lo hubiera abandonado de inmediato en algún laberinto del tiempo o de las bibliotecas o de los espejos. La ausencia de tal libro no justifica decir que Borges no desarrolló conceptos filosóficos muy profundos a lo largo de su literatura. Quizá ocurre lo contrario: toda su obra constituye, si se lo busca, un gran tratado filosófico construido con una prosa de muy alto vuelo. Como sucede con muchos intelectuales, cada una de sus obras contiene toda su obra, cualquiera sea el tema y el formato. Para citar algunos ejemplos, así ha sucedido con los cineastas Ingmar Bergman, Woody Allen o Pedro Almodóvar, con los escritores Javier Marías, Graham Greene o Herman Hesse, con los pintores El Greco, Miguel Ángel o Edgar Degas. Cada uno de ellos eligió y profundizó *un* tema, que *es su obra toda.* Leer un libro es haber leído todos, como Borges siempre insistía.

El tema de Borges es el universo infinito e infinitesimal, unido por un único soplo vital, que el ser humano debe admirar y respetar desde la ética, el goce estético y el espiritual. Sin dogmatismos, sin autoritarismo, preguntando más que respondiendo, dudando, persuadiendo, disintiendo, cambiando de opinión. De ese modo ayuda a filosofar, al estilo de Sócrates, a cada uno de sus lectores.

Se ha dicho que «la ambición última de la ciencia es fundamentalmente dilucidar la relación del hombre con el universo». (MONOD, 2016) Podemos decir que, desde otro ángulo, Borges, a través de su obra literaria de fuerte contenido filosófico, tuvo como ambición última narrar la relación del hombre con el universo, dejándonos, fiel a su estilo, más preguntas que respuestas.

Borges nos hace dudar acerca de nuestra condición imperfecta y nuestra angustia existencial, nos hace dudar acerca de la existencia de Dios, nos hace dudar acerca de la concepción del tiempo y del espacio, de lo cíclico y de lo lineal, del pasado y del futuro. Nos hace dudar acerca del destino y nuestros laberintos Y logra hacernos dudar hasta de la duda misma.

Bibliografía

ABDUCA, RICARDO G. 2023. Borges/Perón. Indicios de una mitología nacional. *Corpus - Archivos virtuales de la alteridad americana.* **13**: 1, enero / junio 2023.

ALEM, LEANDRO N. 1949. Discurso ante la Asamblea Legislativa de la Provincia de Buenos Aires, noviembre de 1880. En: Obra parlamentaria, Vol. III, Honorable Cámara de Diputados de la Provincia de Buenos Aires, La Plata.

ALMEIDA, IVAN. 1996. Borges y Wittgenstein. *Hispanorama*, Noviembre. https://www.borges.pitt.edu/sites/default/files/Almeida%20Borges%20y%20Wittgenstein.pdf Re-cuperado 14/04/2024.

ALMEIDA, IVAN. 2004. De Borges a Schopenhauer. *Variaciones Borges*, 17, pp. 103-134.

ALMEIDA, IVAN. 2023. La ilustre incertidumbre: Borges, Wittgenstein. *Prometeica - Revista de Filosofía y Ciencias.* Marzo. DOI:10.34024/prometeica.2023.26.14846 Re-cuperado 04/09/2023

ALVARADO TENORIO, HAROLD. Entrevista a Jorge Luis Borges. *Arquitrave*, Revista colombiana de poesía. https://arquitrave.com/arquitraveantes/entrevistas/arquien-trevista_jborges.html Recuperado 16/08/2024.

ARBAIZA ESCALANTE, LUIS BERTRAND. 2022. *PURIQ*, 4, p. 1-12, e264|ISSN 2664-4029|E-ISSN 2707-3602.

BARNSTONE, WILLIS. 2013. Genio de la palabra. En: Barnstone, Willis (Editor). 2013. Borges at eighty. En: https://dokumen.pub/borges-at-eighty.html

BLANCO, MARIELA. 2023. Los otros Borges a modo de introducción, un estado de la cuestión de los estudios sobre Borges. *Prometeica - Revista de Filosofía y Ciencias*, No. 26, ISSN: 1852-9488.

BOLAÑOS GODOY, ROBERTO. 2019. Borges y la filosofía. *Filosofía & Co.* Publicado el 15 de febrero de 2019. https://filco.es/borges-y-la-filosofia/ Recuperado 28/3/2024.

BORGES, JORGE LUIS. 1923. El tamaño de mi esperanza. Ediciones Neperus, Buenos Aires.

BORGES, JORGE LUIS. 1928. El idioma de los argentinos. Ediciones Neperus, Buenos Aires.

BORGES, JORGE LUIS. 1931. Séneca en las orillas. Revista *Sur*, I, Verano 1931, Buenos Aires.

BORGES, JORGE LUIS. 1932. Nota sobre Walt Whitman, en: Discusión. Ediciones Neperus, Buenos Aires.

BORGES, JORGE LUIS. 1967. Conferencia: Baruj Spinoza - La filosofía es la meditación de la vida. Instituto Cultural y Científico Argentino Israelí. Conferencias 1967.

BORGES, JORGE LUIS. 1974. Obras completas. Emecé Editores, Buenos Aires.

BORGES, JORGE LUIS. 1975. El libro de arena. Emecé, Buenos Aires.

BORGES, JORGE LUIS. 1978. El tiempo. Conferencia dictada en el Club Pueyrredón de Mar del Plata. Publicada en "Borges oral", 1979, Buenos Aires, Emecé y Editorial de Belgrano. https://borgestodoelanio.blogspot.com/2014/12/jorge-luis-borges-el-tiempo.html Recuperado 03/08/2024

BORGES, JORGE LUIS. 1981. La cifra, 1a. edición, Editorial Sudamericana, Buenos Aires.

BORGES, JORGE LUIS y CARRIZO, ANTONIO. 1982. Borges el memorioso - Conversaciones de Jorge Luis Borges con Antonio Carrizo. Fondo de Cultura Económica, Buenos Aires, 1ª. Edición argentina.

BORGES, JORGE LUIS. 1984. Alguien sueña (poema). *Diario La Nación*, Buenos Aires.

BORGES, JORGE LUIS. 1985. Opinión. *Diario El País*, Madrid, 22 de julio. https://elpais.com/diario/1985/08/10/opinion/492472809_850215.html Recuperado 20/06/2020

BORGES, JORGE LUIS. 1989. Borges, oral. Emecé, Buenos Aires.

BORGES, JORGE LUIS. 1997. Textos recobrados (1919-1929). Ediciones Neperus, Buenos Aires.

BORGES, JORGE LUIS. 1999. Testimonio Argentino: Israel *(Sur 254)*, en: Borges en *Sur* 1931-1980. Emecé, Buenos Aires.

BORGES, JORGE LUIS y otros. 2019. Borges – El judaísmo e Israel. Prólogos de María Kodama e Isidoro Blaisten. Reedición *Sefárdica*, N° 6, Editor Responsable: Embajada de Israel en Argentina.

BORGES, JORGE LUIS y FERRARI, OSVALDO. 2023. Los diálogos – Edición definitiva. Seix Barral, Buenos Aires.

BORSO, VITTORIA. 2008. Borges el memorioso. En: Olea Franco, Rafael (ed.). In Memoriam. Jorge Luis Borges. México: COLMEX, 2008, S. S. 239– 264 https://www.academia.edu/35730306/Borges_el_memorioso. Recuperado 07/11/2023

BURGIN, RICHARD. 1970. Conversations with Jorge Luis Borges. Richard Burgin, Holt, Rinehart and Winston. New York.

CALA, ESPEJO. 1992. Borges y los árabes. *Philologia Hispalensis*, 7: 1, pp. 103-112. https://doi.org/10.12795/PH.1992.v07.i01.09 Recuperado 14/11/2023

CALVINO, ITALO. 1990. Seis propuestas para el próximo milenio, Madrid, Siruela.

CAMACHO, GABRIELA. 2002. Cosmópolis - Borges y Buenos Aires, *Dossier del Servei Educatio del CCCB*.

Centre de Cultura Contemporània de Barcelona, Barcelona, 2002.

CARRILO DE ALBORNOZ, AGUSTÍN y DE LEÓN, MANUEL. El Hexagrammum Mysticum. Publicado 23/04/2020. https://www.madrimasd.org/blogs/matematicas/2020/04/23/147742 Recuperado 15/11/2023.

CASTANY PRADO, BERNAT. 2012. Que nada se sabe: el escepticismo en la obra de Jorge Luis Borges. Cuadernos de *América sin nombre*, No. 31, Murcia.

CASTILLO, ABELARDO. 2014. Diarios (1954-1991). Alfaguara, Buenos Aires.

CHERNIAVSKY, AXEL. 2012. La filosofía como rama de la literatura: entre Borges y Deleuze. Tópicos - *Revista de Filosofía de Santa Fe* (Rep. Argentina), N° 23-24, pp. 111-130. https://www.madrimasd.org/blogs/matematicas/2020/04/23/147742 Recuperado 15/07/2023

DEL POZO, ALBERTO. 2007. Borges y las Escrituras del Yo. *Journal of Luso Hispanic Studies*. https://www.borges.pitt.edu/sites/default/files/6%20del%20Pozo%2C%20Alberto.pdf

DELEUZE, GILLES. 1985. La imagen – tiempo – Estudios sobre cine 2. Paidós, Gallimard, p. 68.

DEVOTO, MAURICIO. 2020. ¿Por qué ciudadanía?, Conferencia inaugural del CIVES – Centro de Estudios en Ciudadanía de la Universidad de Palermo, Buenos Aires, 5 de agosto de 2020. *Revista Jurídica de la Universidad de Palermo*, ISSN 0328-5642, e-ISSN 2718-7063, 18: 2, pp. 227-230, Noviembre de 2020.

DUAYER, MARIO. J. L. Borges, Filosofía de la ciencia y crítica ontológica: Verdad y emancipación. *Revista Herramienta*, N° 55, Primavera de 2014 - Año XVII. https://www.academia.edu/11871107/J_L_BORGES_FILOSOF%C3%8DA_DE_LA_CIENCIA_Y_CR%C3%8DTICA_ONTOL%C3%93GICA_VERDA-

D_Y_EMANCIPACI%C3%93N?email_work_card=-view-paper. Recuperado 31/07/2024.

ECHEVARRIA FERRARI, ARTURO. 1980. Borges y Fritz Mauthner: una filosofía del lenguaje. AIH. Actas VII. Centro virtual Cervantes. Edición digital a partir de *Actas del séptimo Congreso de la Asociación Internacional de Hispanistas, celebrado en Venecia del 25 al 30 de agosto de 1980.* https://cvc.cervantes.es/literatura/aih/pdf/07/aih_07_1_039.pdf Recuperado 01/12/2023

ECO, UMBERTO. 2001. Luces y sombras de la razón (Debate). *Revista Ñ*, Buenos Aires, 04/02/2001.

ESPEJO CALA, Carmen. 2009. Borges y los árabes. *Philologia Hispalensis*, https://institucional.us.es/revistas/philologia/7/art_9.pdf Recuperado 15/05/2024

FOUCAULT, MICHEL. 1968. Las palabras y las cosas: una arqueología de las ciencias humanas. Traducción de Elsa Cecilia Frost. Siglo XXI Editores, México.

GALINDO GONZÁLEZ, MÓNICA. 2020. Borges y La biblioteca de Babel: hexágonos del estructuralismo y del postestructuralismo. *La Tercera Orilla*, (25), 2020, pp. 35–43. https://revistas.unab.edu.co/index.php/laterceraorilla/article/view/4068 Recuperado 15/12/2023.

GAVIDES JIMÉNEZ, EFRAÍN. Borges, el pitagórico.2017. https://es.scribd.com/document/343669680/Borges-El-Pitagorico. Recuperado el 19/04/2025

GIRIBET, GASTOS E. 2010. Borges y la duda como elemento de juicio. CONICET. https://biblioteca.org.ar/libros/150668.pdf Recuperado 01/06/2024

GLANTZ, MARGO. 2006. Borges: ficción e intertextualidad. Biblioteca Virtual Cervantes. https://www.cervantesvirtual.com/obra-visor/borges---ficcin-e-intertextualidad-0/html/3145e3e1-ce14-45ee-874e-f380b59eeb26_2.html Recuperado 8/3/2024

GONZÁLEZ, GERMÁN. 2017. Wittgenstein y Borges en la cornisa del lenguaje. Universidad Autónoma de Entre Ríos, Facultad de Humanidades, Artes y Ciencias Sociales, 2017.

GONZÁLEZ-BOHORQUE, VALENTÍN. 2019. Modos de resistencia estética e ideológica en Borges: idealismo, movilidad y tolerancia. *Rialta Magazine*, 9 de octubre de 2019. https://rialta.org/modos-de-resistencia-estetica-e-ideologica-en-borges/ Recuperado 19/04/2021

GUTIERREZ HOYOS, HERNANDO. 2020. Borges y la matemática. *PAIDEIA*, Universidad Surcolombiana / Facultad de Educación, No. 25, pp. 86-933.

HADIS, MARTIN. 2022. Memorias de Leonor Acevedo de Borges – Los recuerdos de la madre del más grande escritor argentino. Edición, recopilación e investigación de Martín Hadis sobre textos de Alicia Jurado. Editorial Claridad, Buenos Aires

HAWKING, STEPHEN. 2003. El universo en una cáscara de nuez. Traducción de David Jou. Crítica Planeta. Barcelona, 9ª. Edición.

INFANTE, IGNACIO. 2001. Abominable Mirrors: On the 'Macabre' Hyperfictions of Jorge Luis Borges. *Variaciones Borges,* 12, pp. 192-232.

JAMALI, MOHSEN; GRANNAN, BENJAMIN, CAI, JING. *et al.* Semantic encoding during language comprehension at single-cell resolution. *Nature* (2024). https://doi.org/10.1038/s41586-024-07643-2 Recuperado 05/07/2024

KCENICH, STEPHEN y LUNA ESCUDERO, MARÍA ELVIRA. 2024. El Aleph de Borges y el infinito. Crítica.cl https://critica.cl/literatura/el-aleph-de-borges-y-el-infinito. Recuperado el 20/05/2024.

KCENICH, STEPHEN y LUNA ESCUDERO, MARÍA ELVIRA. 2019. La visión de la geometría, el espacio y el tiempo en el poema metafísico "Descartes" de Jorge

Luis Borges. Una perspectiva interdisciplinaria. Crítica.cl. https://critica.cl/author/sk-melea Recuperado el 19/12/2024

LORENZ, EDWARD N. (1963). «La predictibilidad del flujo hidrodinámico». *Transactions of the New York Academy of Sciences* **25:** 4, p. 431. Archivado desde el original el 10 de octubre de 2014. mit.edu/sites/default/files/Predictability_hydrodynamic_flow_1963.pdf Consultado el 25/09/2023

LUPISELLA, MARK L. 2009. Cosmos and Culture: Cultural Evolution in a Cosmic Context. Editors: Steven J. Dick and Mark Lupisella. *NASA SP*, 4802, 2009.

MAGRITTE, RENÉ. 2000. Les Mots et les images, selección de escritos. Labor, Bruselas.

MARTIN, MARINA. 2003. Tras el rumbo de Hume en la invención de Tlön – Versiones paródicas de El Otro, El Mismo. *Variaciones Borges,* 15, pp. 112-124. https://www.academia.edu/23015063/Borges_y_Hume?email_work_card=view-paper Recuperado 30/3/2024.

MAIZTEGUI CASAS, LINCOLN R. 2006 Borges, el ajedrez y la metafísica. *Hipertexto*, No. 4, pp. 144-147.

MENDELEVICH, PABLO. 2020. Entrevista a Loris Zanatta: El peronismo se percibe como una religión, entrevista de Pablo Mendelevich. Diario La Nación, 14/11/2020)

MONOD, JACQUES. 2016. El azar y la necesidad- Ensayo sobre la filosofía natural de la biología moderna. (Traducido al español por Francisco Ferrer Lerín), Tusquets Ediciones, Barcelona.

MURALLES, REBECA. 2006, Homo Deus en Borges. https://www.academia.edu/11001025/Homo_Deus_en_Borges Recuperado 15/04/2020.

NAHSON, DANIEL. 2009. La crítica del mito Borges y la literatura como sueño de vida. Iberoamericana / Vervuert, Madrid.

NÁLLIM, JORGE. 2012. Redes transnacionales, antiperonismo y Guerra Fría - Los orígenes de la Asociación Argentina por la Libertad de la Cultura. *Prismas - Revista de historia intelectual*, Nº 16, pp. 121-141.

NOZICK, ROBERT. 1988. Anarquía, Estado y utopía. Fondo de Cultura Económica, Buenos Aires.

PLOT, MARTÍN. 2017. Borges y el concepto de lo político. *Akademos*, 3, 2017. https://www.researchgate.net/publication/324182231_Borges_y_el_concepto_de_lo_politico/fulltext/5ac65fbaa6fdcc8bfc7f72c0/Borges-y-el-concepto-de-lo-politico.pdf Recuperado 19/07/2023.

POPPER, KARL. Three Worlds. The Tanner on Human Values". Conferencia, Universidad de Michigan, 7/4/1978. https://tannerlectures.utah.edu/_resources/documents/a-to-z/p/popper80.pdf Recuperado 18/09/2023.

RODRIGUEZ ARAMAYO, ROBERTO. 2020. COVID-19 nos recuerda que no somos dioses (y es una buena noticia). *The Conversation*, Revista digital. 17/06/2020. http://hdl.handle.net/10261/214654 Recuperado 18/11/2023.

RODRIGUEZ MONEGAL, EMIR. 1984. Borges por él mismo. Editorial Laia, Barcelona,

RODRIGUEZ MONEGAL, EMIR. 1987. Borges Una biografía editorial. 1ª. Edición en español. Fondo de Cultura Económica, México.

RODRIGUEZ ZAPATERO, José Luis. 2023. No voy a traicionar a Borges. Editorial Octubre, Madrid.

ROJO, ALBERTO. 2013. Borges y la física cuántica – Un científico en la biblioteca infinita. Siglo XXI editores, Buenos Aires.

ROSENBERG, FERNANDO. 2009. Borges: políticas de la literatura, en: Juicio de la historia en Borges. *Law and Literature*, pp. 229-249.

RUSSELL, BERTRAND. 1920. Introduction to Mathematical Philosophy. George Allen & Unwin, Ltd., segunda edición, Londres.

RUSSELL, BERTRAND. 1938. A New Social Analysis. George Allen and Unwin, Londres.

RUSSELL, BERTRAND. 1987. "Misticismo y Lógica" y otros ensayos. Edhasa, Barcelona.

SARAMAGO, JOSÉ. 2007. Saramago develó que un personaje de Borges vivió. *Diario Perfil*, Buenos Aires, 23/05/2007. https://www.perfil.com/noticias/cultura/saramago-develo-que-un-personaje-de-borges-vivio-20070523-0062.phtml Recuperado 29/10/2023.

SAINT ARMAND, BARTON LEVI. 2011. Synchronistic Worlds: Lovecraft and Borges. Escrito en 1980, incluido en "An Epicure in the Terrible: A Centennial Anthology of Essays in Honor of H.P. Lovecraft", editado by David E. Schultz and S.T. Joshi. Originalmente publicado por Associated University Presses, Inc. Revised and expanded version. http://shipwrecklibrary.com/wp-content/uploads/Paper-St.-Armand-Lovecraft-and-Borges.pdfRecuperado 17/02/2023

SARLO, BEATRIZ. 1995. Un escritor en las orillas, Buenos Aires, Ariel.

SCHERER, JORGE LUIS. 2024. La entrevista inédita con Borges que estuvo guardada 44 años. Diario *La Nación*, Buenos Aires, 16/06/2024.

SCHWARTZ, JORGE (Director). 2023. Borges Babilónico - Una enciclopedia. Fondo de Cultura Económica, Buenos Aires.

SERVIÁN FRANCO, FÁTIMA. Descubren asombrosos parecidos entre el cerebro humano y el universo. *Astroaventura*, 2023. https://astroaventura.net/cosmos/descubren-asombrosos-parecidos-entre-el-cerebro-humano-y-el-universo/ Recuperado el 18/12/2023.

SHAKESPEARE, WILLIAM. 1970. Macbeth. Traducción de Guillermo Whitelow, prólogo de Jorge Luis Borges. Editorial Sudamericana, Buenos Aires.

SORMAN, GUY. 2023. Buenos Aires, capital de todos los excesos. *Diario ABC*, Madrid, 28/08/2023.

TAPIA SAAVEDRA, IVÁN. 2013. Lo mítico y su relación con lo fantástico en la obra de J. L. Borges. *La Palabra*, (22), pp.67 -- 78. https://doi.org/10.19053/01218530.2018 Recuperado el 24/04/2023.

VAZZA, FRANCO y FELETTI, ALBERTO. 2020. The Quantitative Comparison Between the Neuronal Network and the Cosmic Web. *Front. Phys., 2020.* **8**:525731. doi: 10.3389/fphy.2020.525731 Recuperado el 22/09/2023.

ZANATTA, LORIS. 2002. Del Estado liberal a la nación católica - Iglesia y Ejército en los orígenes del peronismo: 1930-1943. Ediciones Universidad Nacional de Quilmes, Bernal.

ZWEIG, STEFAN. 1942. El mundo de ayer - Memorias de un europeo. Traducción de A. Orzeszek y Joan Fontcuberta. Acantilado 44, Barcelona, España, 2002.

Este libro se publicó
en el mes de octubre
del año 2024